Burkhard Voß

WENN DER KAPITÄN ALS ERSTER VON BORD GEHT

Wie Postheroismus unsere Gesellschaft schwächt

mit einem Vorwort von Josef Kraus

solibro

KLAR SCHIFF

1. Guido Eckert: *Zickensklaven. Wenn Männer zu sehr lieben* Solibro 2009; ISBN 978-3-932927-43-0; eBook: 978-3-932927-59-1
2. Peter Wiesmeier: *Ich war Günther Jauchs Punching-Ball! Ein Quizshow-Tourist packt aus.* Solibro 2010 (vgl. Nr. 7)
3. Guido Eckert: *Der Verstand ist ein durchtriebener Schuft. Wie Sie garantiert weise werden.* Solibro 2010; ISBN 978-3-932927-47-8; eBook 978-3-932927-60-7
4. Maternus Millett: *Das Schlechte am Guten. Weshalb die politische Korrektheit scheitern muss.* Solibro 2011; ISBN 978-3-932927-46-1; eBook: 978-3-932927-61-4
5. Frank Jöricke: *Jäger des verlorenen Zeitgeists. Frank Jöricke erklärt die Welt.* Solibro 2013; ISBN 978-3-932927-55-3; eBook: 978-3-932927-62-1
6. Burkhard Voß: *Deutschland auf dem Weg in die Anstalt. Wie wir uns kaputtpsychologisieren.* Solibro 2015. ISBN 978-3-932927-90-4; eBook: 978-3-932927-91-1
7. Peter Wiesmeier: *Steh bei Jauch nicht auf dem Schlauch! Survival-Tipps eines Quizshow-Touristen.* Solibro 2016 (überarb. Aufl. des Reihentitels Nr. 2) ISBN 978-3-932927-09-6; eBook: 978-3-932927-99-7
8. Ralf Lisch: *Inkompetenzkompensationskompetenz. Wie Manager wirklich ticken.* Solibro 2016; ISBN 978-3-96079-013-6; eBook: 978-3-96079-014-3
9. Yvonne de Bark: *Mamas wissen mehr. Das geheime Wissen cooler Mütter.* Solibro 2017; ISBN 978-3-932927-00-3; eBook: 978-3-96079-000-6
10. Rob Kenius: *Neustart mit Direkter Digitaler Demokratie. Wie wir die Demokratie doch noch retten können.* Solibro 2017. ISBN 978-3-96079-011-2; eBook: 978-3-96079-012-9
11. Burkhard Voß: *Albtraum Grenzenlosigkeit. Vom Urknall bis zur Flüchtlingskrise.* Solibro 2017; ISBN 978-3-96079-031-0; eBook: 978-3-96079-032-7
12. Florian Willet: *Mir nach, ich folge Euch! Wie uns die Parteien über den Tisch ziehen.* Solibro 2018; ISBN 978-3-96079-045-7; eBook: 978-3-96079-046-4
13. Reiner Laux: *Seele auf Eis. Ein Bankräuber rechnet ab* Solibro 2018; ISBN 978-3-96079-053-2; eBook: 978-3-96079-054-9
14. Ralf Lisch: *Incompetence Compensation Competence* Solibro 2017; ISBN 978-3-96079-043-3; eBook: 978-3-96079-044-0
15. Frank Jöricke: *War's das schon? 55 Versuche, das Leben und die Liebe zu verstehen.* Solibro 2019; ISBN 978-3-96079-063-1; eBook: 978-3-96079-064-8
16. Burkhard Voß: *Wenn der Kapitän als Erster von Bord geht. Wie Postheroismus unsere Gesellschaft schwächt.* Solibro 2019; ISBN 978-3-96079-069-3; eBook: 978-3-96079-070-9

ISBN 978-3-96079-069-3 / 1. Aufl. 2019 / Originalausgabe

Umschlaggestaltung: *Cornelia Niere, München*
Umschlagbild vorne: © *Giulio Ercolani / Alamy Stock Foto*
Umschlagbild hinten: © *twitter_Adil-Brown*
Autorenfoto S. 2: *priv.*
Druck & Bindung: *CPI Books GmbH, Leck*

verlegt. gefunden. gelesen. **www.solibro.de**

FSC
www.fsc.org
MIX
Papier aus verantwortungsvollen Quellen
FSC® C083411

Ziel nach dem Mond.
Selbst wenn Du ihn verfehlst,
wirst Du zwischen den Sternen landen.

Friedrich Nietzsche

Für Anna

De Falco: „(…) Es ist Ihr Job, mir zu sagen, wie viele es sind, in Gottes Namen."
Schettino: „Aber Sie wissen, dass es Nacht ist und man hier nichts sieht?"
De Falco: „Was wollen Sie machen Schettino, nach Hause gehen?" (…) „Sie und Ihr Adjutant gehen jetzt an Bord, ist das klar?"
Schettino: „… Ich würde gerne an Bord, aber das andere Rettungsboot hier … andere Rettungskräfte sind hier. (…)"
De Falco: „Das sagen Sie mir schon seit einer Stunde. Jetzt gehen Sie an Bord, gehen Sie an Bord! Und Sie sagen mir jetzt gleich, wie viele Menschen da sind."

Auszug aus dem Funkprotokoll zwischen Kommandant Gregorio De Falco von der Hafenkommandantur in Livorno und dem Kapitän der gekenterten Costa Concordia, Francesco Schettino in der Nacht vom 13. Auf den 14.1.2012. Laut Hafenkommandantur hat der um kurz nach Mitternacht auf einen Felsen geflüchtete Kapitän sein Schiff auch nach diesem Telefonat nicht wieder betreten. Die Rettungsaktionen gingen bis 6.00 Uhr morgens weiter.

Inhalt

Vorwort

von Josef Kraus

Die Erde sähe anders aus, gäbe es unter den Menschen keinen Wettbewerb. Wettkampf, Wissensdurst, Explorations- und Expansionstriebe, die Eroberung von Welt und Weltall durch Wissenschaft und Technik, Rationalität anstelle von Mythos – all das gäbe es nicht ohne den agonalen Charakter, den Wettkampf als Teil des Strebens. Es war kein geringerer als der große Baseler Kulturhistoriker Jacob Burckhardt, der die Bedeutung des über zwei Jahrtausende hinweg gepflegten agonalen Prinzips insbesondere europäischer Menschen hervorhob und der Friedrich Nietzsche, seinen Baseler Schützling, damit zu Gedanken über den „Willen zur Macht" inspirierte. Das Agonale freilich, das ja auch das Männliche/Väterliche ist, tritt kaum noch in Aktion. Vor allem in Deutschland, mehr und mehr auch in ganz Europa entwickelt sich ein androgyner Antiheroismus, ist eine wohlfühlige, aber im Kern autoaggressive Bußfertigkeit angesagt. In Deutschland kommt eine postpatriotische, bisweilen sogar illusionäre militant-pazifistische Grundstimmung hinzu. Mit einer solchen Grundhaltung aber ist keine Zukunft zu machen. Wenn Deutschland und Europa nicht weiter zurückfallen wollen, muss die Bereitschaft zum Agonalen, zum Wettkampf wiederbelebt werden. Für dieses Ziel ist das vorliegende Plädoyer von Dr. Voß für eine Überwindung des Postheroismus' ein guter Augenöffner.

Josef Kraus

Josef Kraus, Bildungskritiker, Kolumnist und Bestsellerautor, Dipl.-Psychologe, leitete von 1995 bis 2015 als Oberstudiendirektor ein Gymnasium; er war von 1987 bis 2017 Präsident des Deutschen Lehrerverbandes und von 1991 bis 2013 Mitglied im Beirat für Fragen der Inneren Führung des Bundesministers der Verteidigung. 2009 wurde ihm das Bundesverdienstkreuz am Bande verliehen.

Einleitung

Francesco Schettino, Täter aus Verantwortungslosigkeit, geht zuerst von Bord. Später stilisiert er sich als Opfer, eine beliebte Methode der Antihelden, um Verantwortung von sich zu weisen. Sie sind stets Opfer von Verschwörungen, Verleumdungen, Intrigen, finsteren Machenschaften oder des Systems.

So wie Claudia Simone Dinkel, die Ex-Lebensgefährtin von Jörg Kachelmann, die sich als Vergewaltigungsopfer darstellte und zum Schluss als eigentliche Täterin dastand.

Oder Karl-Theodor zu Guttenberg, der einen kometenhaften Aufstieg in der Politik erlebte und die berechtigten Plagiatsvorwürfe als konstruiert und fingiert zurückwies. Natürlich aus tiefster Überzeugung.

Was haben all diese Spezialisten der Drückebergerei, Asozialität und Egozentrik gemein? Nun, sie haben die Chance, in einem gesellschaftlichen Biotop zu leben, das eher das Antiheldische, Blenderische fördert, statt das Heroische zu würdigen. Dass das langfristig nicht gesund ist, ja die Gesellschaft längst schwächt, zeigt dieses Buch.

Klar, unterschiedliche Verläufe von Erkrankungen und Unfällen können in den Tod führen. Glaube, Ideen und Überzeugungen sind hierfür ebenso prädestiniert. Vorausgesetzt, sie werden für so bedeutungsvoll gehalten, dass Menschen bereit sind, dafür ihr Leben einzusetzen. Religiöse Überzeugung und der Glaube an ein Leben nach dem Tode sind hierfür nicht unbedingt erforderlich, begünstigend jedoch allemal. Niemandem ist der Gedanke unsympathisch, dass es auf der anderen Seite weitergeht. Doch auch ohne Transzendenz und Glaube an eine unsterbliche Seele können bestimmte Menschen bereit sein, ihr Leben ohne Rückversicherung und Garantie auf Weiterleben einzusetzen. Beispielsweise für die eigenen Kinder. Das schafft auch noch der moderne Mensch. Geht es um andere Menschen, wissenschaftliche Erkenntnisse, Ideen oder Gerechtigkeit, dann klappt das nur noch ganz begrenzt. Die Hingabe an das, was sozusagen außerhalb unserer selbst liegt, hat es heutzutage schwer. Idealismus bis hin zum Heroismus stehen nicht mehr allzu hoch im Kurs. Der Ersatz von Transzendenz durch Atheismus in unserer Gegenwart hat einen hohen Preis. Wie lange der Westen diesen zahlen kann, ohne selbst ausgelöscht zu werden? Nicht mehr allzu lang. Durch die Naturwissenschaften katalysiert versprechen sich die Menschen der westlichen Welt alles im Griff zu haben. In gewisser Weise stimmt das sogar. So sind dank Antibiotika und Impfungen die meisten Infektionserkrankungen kein Problem mehr. Für den Westen. Für die Dritte Welt, die sich diese Mittel oft finanziell nicht leisten kann, gilt dies nicht. Auch sonst befindet sie sich im Abseits: wenig Bildung, geringe Lebenserwartung, hohe Arbeitslosenquote. Eigentlich Grund genug, um depressiv zu werden. Und genau das ist nicht der Fall, wenn man von Kriegsgebieten und Regionen mit dem Unterschreiten existenzieller Mindestanforderungen einmal absieht. So ist die Rate an Depressionen in Afrika deutlich geringer als in den USA, was u. a. daran liegt, dass religiöse Überzeugungen in der afrikanischen Bevölkerung tief verwurzelt sind. Gläubige Menschen werden weniger psychisch krank, das ist bekannt. Während dessen sind Depressionen in der westlichen Welt auf dem Vormarsch.

Könnte es sein, dass die Suche nach Heil in Form von Absicherung, Geld, Gesundheit, Rente und privatem Glück letztlich nur heillos verlorene Menschen zurücklässt?

Wenn es keine Transzendenz mehr gibt, dann sollte im irdischen Dasein alles perfekt sein. Doch die Geschichte zeigt, dass das nicht der Fall ist. Dass es eine perfekte Welt in der Zukunft geben wird, ist ebenfalls nicht zu erwarten. Die Menschen bleiben zurück in ihrem unperfekten Dasein ohne Hoffnung auf überirdischen Trost. Das ist die aktuelle Lage der postheroischen westlichen Welt. Zudem hochangreifbar, empfindlich, mimosenhaft – so gibt sich mittlerweile die gefühlte Mehrheit. In diesem Klima gedeihen keine Helden mehr.

Gibt es denn keine Hoffnung mehr? Doch, denn Klimawandel existiert nicht nur in der Meteorologie. Auch gesellschaftlichen Klimawandel hat es schon immer gegeben. Chance für neue Helden? Durchaus.

1. Antihelden – eine Auswahl

Francesco Schettino (geb. 1960)

De Falco: „(…) Es ist Ihr Job, mir zu sagen, wie viele es sind, in Gottes Namen."

Schettino: „Aber Sie wissen, dass es Nacht ist und man hier nichts sieht?"

De Falco: „Was wollen Sie machen Schettino, nach Hause gehen?" (…) „Sie und Ihr Adjutant gehen jetzt an Bord, ist das klar?"

Schettino: „… Ich würde gerne an Bord, aber das andere Rettungsboot hier … andere Rettungskräfte sind hier. Es hat angehalten und ist blockiert, ich habe andere Rettungskräfte gerufen …"

De Falco: „Das sagen Sie mir schon seit einer Stunde. Jetzt gehen Sie an Bord, gehen Sie an Bord! Und Sie sagen mir jetzt gleich, wie viele Menschen da sind."

Schettino, der Kapitän des am 13.01.2012 havarierten Kreuzfahrtschiffes Costa Concordia geht nicht an Bord. Warum auch, schließlich war er einer der Ersten, der von Bord ging. Nach seinem Selbstverständnis gab es offensichtlich keinen Grund, sich erneuten Gefahren auszusetzen. Schließlich gab es noch andere Möglichkeiten zu helfen, bspw. über eine Stunde mit dem Hafenkommandanten De Falco zu telefonieren, um in zig Worten und Umschreibungen zu betonen, was genau warum nicht geht.

So schlüpft der Antiheld, sollte er einmal zur Verantwortung gezogen werden, ganz schnell in die Opferrolle.

Zur Havarie kam es dadurch, dass das 300 Meter lange Kreuzfahrtschiff viel zu nah an der italienischen Westküste gefahren war und ein Granitfelsen ein Leck in das Schiff geschlagen hatte. Selbst deutlich kleinere Schiffe fahren in dieser Region in einer deutlich größeren Distanz zur Küste. Wahrscheinlich war es eine Mischung aus Renommiersucht, Ignoranz und Risikobereitschaft, die Schettino zu dieser respektlosen Nähe angestiftet hat. Und genau diese Risikobereitschaft hatte sich in seiner Psyche nach dem Desaster gänzlich verflüchtigt, als es darum ging, seine Passagiere zu retten, die originäre Aufgabe eines Kapitäns.

Als das Schiff mit einem großen Knall auf den Granitfelsen gestoßen war und eine Passagierin ihn gefragt habe, was denn los sei, soll er geantwortet haben: „Ein Blackout, wir sind dabei es zu reparieren." Aus Reparatur wurde ganz schnell Flucht. Nach der Methode Schettino lässt es sich vom sicheren Rettungsboot aus am effektivsten helfen. Per Smartphone und Funk ruft man professionelle Helfer herbei, die das dann schon irgendwie regeln. Woher die plötzlich alle kommen sollen? Nicht Schettinos Problem. Er könnte selbst mitanpacken, aber seine Dienstauffassung sieht das nicht vor.

„Ich koordiniere die Evakuierung vom Rettungsboot aus", teilte er der Küstenwache mit, die eine sofortige Rückkehr in das Schiff befahl. Aber was sollte er dort? Frieren? Nass werden? Sich verletzten? Auffallen durch zwei linke Hände? Also drehte er sein Rettungsboot und fuhr in Richtung Land. 4229 Personen an Bord, da waren sicherlich genügend Tatkräftige dabei und Gottes Hilfe gab es schließlich auch noch, was sollte da noch schief gehen? Gut möglich, dass der Kapitän Schettino so dachte. Doch auch hier richtet sich die Realität nicht nach dem Denken. Am Ende verloren 32 Menschen ihr Leben und die italienische Staatsanwaltschaft erhob Anklage wegen fahrlässiger Tötung. Schettino sah es anders, was nur konsequent war, denn gemäß seiner Privatwirklichkeit kam er als Kapitän auf dem Schiff gleich nach Gott. Gottähnliche Fähigkeiten im Finden einer plausiblen Argumentation, warum er das Schiff so früh verlassen hatte, hatte er nicht. Er erklärte, er sei ausgerutscht und in ein Rettungsboot gefallen. Zeugenaussagen und Videoaufnahmen konnten dies klar widerlegen. Für Schettino hatte die Mannschaft versagt, nicht er. Das Gericht jedoch sah seine Schuld als erwiesen an und verurteilte ihn zu 16 Jahren und einem Monat Haft. Zwei übergeordnete Gerichte bestätigten dieses Urteil und am 12.01.2018 zog der Ex-Kapitän vor den Europäischen Gerichtshof für Menschenrechte. Ob er dort Erfolg haben wird?

Es sind keinerlei Vorkenntnisse in komplexer Psychologie nötig, um in Francesco Schettino den Antihelden schlechthin zu erkennen. In seiner Psyche haben sich Größenphantasien, Feigheit sowie Egoismus bis hin zu Narzissmus zu einem engen Netz der Verantwortungslosigkeit verbunden. Wer so gestrickt ist, für den ist auch die Akzeptanz der eigenen Schuld ein Ding der Unmöglichkeit. So schlüpft der Antiheld, sollte er einmal zur Verantwortung gezogen werden, ganz schnell in die Opferrolle. Manchmal glaubt das Publikum diesen Rollenwechsel, doch nicht im Fall Schettino, er hat jede Glaubwürdigkeit verspielt.

Claudia Simone Dinkel (geb. 1973)

Mit diesem Namen wird kaum jemand etwas anfangen können. Ist aber die Rede von der Ex von Kachelmann, die ihn wegen Vergewaltigung verklagt hat, weiß so gut wie jeder, um wen es sich handelt. Am 09.02.2010 zeigte sie ihn an. Zwar konnte er vor Prozessbeginn die Untersuchungshaft verlassen und den Reportern freundlich zulächeln, doch daraus wurde rasch eine immer ernstere Mine. Denn für einen Mann der Öffentlichkeit wird die Rufschädigung unmittelbar zur existenziellen Bedrohung. So verlor er seine Rolle als Wettermoderator im Fernsehen, seine Firma und „97 Prozent (seines) Bekanntenkreises". Dass Claudia Simone Dinkel ihm den Tod wünschte, war bekannt. Auch fuhr sie mit dem Buch „Der Soziopath von nebenan", den Titel demonstrativ hochhaltend, bei Gericht vor. Was treibt eine solche Frau an? Rückblende. 11 Jahre vor ihrer Anzeige lernt sie Jörg Kachelmann bei einer Veranstaltung kennen und gibt ihm ihre Telefonnummer. Die Vermutung, dass sie mehr wollte, ist nicht ganz aus der Luft gegriffen. Das wurde es auch. Als Lebensgefährtin von ihm war sie bereit zu vielen Kompromissen. Die meisten Frauen wären hierzu nicht bereit gewesen. Sie akzeptierte, dass er sie bei wichtigen Veranstaltungen nicht dabei haben wollte, dass es eine Fernbeziehung war, dass er andere Frauen hatte, dass sie eine von vielen war. Trotzdem, den Traum von einer Familie, vom Heiraten und Kindern von ihm, den wollte sie sich nicht nehmen lassen. Gäbe es den Titel „Realitätsausblenderin in Perfektion", sie hätte ihn verdient. 11 lange Jahre hatte es gebraucht, bis die knapp 37-jährige Frau Dinkel die Realität erkannte. Eine bloße Trennung reichte ihr nicht mehr. Stattdessen greift sie zur Vergewaltigungsanzeige, ein probates Mittel der Existenzvernichtung. Um das Ganze abzurunden, begibt sie sich in Psychotherapie. Natürlich ist sie traumatisiert, hat als Diagnose eine Posttraumatische Belastungsstörung und der Therapeut ist der festen Überzeugung, dass sich alles eins zu eins so abgespielt hat, wie Frau Dinkel es darstellt. Widersprüchliche Angaben und Erinnerungslücken wurden mit der traumaspezifischen Symptomatik erklärt. So etwas kann, muss aber keinesfalls zwingend vorliegen. So haben die Nürnberger Prozesse gezeigt, dass KZ-

Sollte ein Wunsch nicht in Erfüllung gehen, kommt es zu einem hochmanipulativen Verhalten, das keine Grenzen kennt.

Opfer oft sehr genau erinnern konnten, wer sie wann, wo und wie gequält hatte. Kein Therapeut kann mit seinem Patienten eine Zeitreise in die Vergangenheit machen, um zu schauen, was tatsächlich passiert ist. Aber ein Minimum an Skepsis sollte man behalten. Im Fall von Frau Dinkel wurde die therapeutische Praxis zu einem Narkotikum für Skeptizismus. Auch das Gericht machte zunächst einen leicht narkotisierten Eindruck, glaubte mehr an die Täterschaft Kachelmanns als an eine mögliche Falschaussage der Klägerin. Dabei war die Faktenlage eindeutig. Die Vergewaltigung, so wie sie vorgetragen wurde, konnte – „technisch" gesehen – so nicht abgelaufen sein. Das Verletzungsmuster passte nicht zum angeblichen Tathergang. Erinnerungslücken und Widersprüche nahmen zu. Polizei und Staatsanwaltschaft hatte sie nachweislich mehrfach angelogen. So kam es schließlich zum Freispruch Kachelmanns, doch selbst in der Urteilsbegründung konnte es sich das Gericht nicht verkneifen, dass die Täterschaft Kachelmanns nicht so ganz ausgeschlossen wurde – in dubio pro reo. Das ließ dieser aber nicht auf sich sitzen und aus dem Angeklagten wurde ein Kläger, der seine Ex der Falschaussage bezichtigte. Ein anderes Gericht bestätigte ihn und Claudia Dinkel darf nun als Falschbeschuldigerin bezeichnet werden. In ihr verbinden sich Rachsucht und Realitätsblindheit. Sollte ein Wunsch nicht in Erfüllung gehen, kommt es zu einem hochmanipulativen

Verhalten, das keine Grenzen kennt. Der Kachelmann-Prozess war nicht nur die Demaskierung einer Antiheldin, sondern hat auch gezeigt, dass nicht jeder seine eigene Wahrheit hat, sondern dass es eine Wahrheit gibt, die unabhängig von persönlichen Gefühlen und Meinungen besteht.

Karl-Theodor zu Guttenberg (geb. 1971)

Er befindet sich schon seit Jahren in Amerika und seine smarte Lichtgestalt scheint gewichtsmäßig zugelegt zu haben, vielleicht aus Frust. In Deutschland gab er eine hervorragende Figur ab, ob als Politiker, Minister oder Discjockey für Techno-Musik. Konservativ bis postmodern, generationsübergreifend. Angefangen hatte alles in Bayern. Nach dem Abitur ging es zum Wehrdienst im Gebirgsjägerbataillon 233, wo er den Rang eines Stabsunteroffiziers der Reserve erreichte. Nach dem Studium der Rechts- folgte das Studium der Politikwissenschaft. Bei der Doktorprüfung erreichte er die Bestnote, summa cum laude. Das war 2007, bis zu den Plagiatsvorwürfen hatte er noch vier Jahre Zeit. In dieser kurzen Zeit kam es zu einer erstaunlichen Karriere, 2009 wurde er mit 37 Jahren zum bisher jüngsten Wirtschaftsminister, kurze Zeit später zum jüngsten Verteidigungsminister. In seinem Lebenslauf fielen erste

Übertreibungen auf. So gab er an, zeitweilig als „freier Journalist“ gearbeitet zu haben. Tatsächlich handelte es sich um ein Praktikum bei der Tageszeitung „Die Welt“. Ferner beschreibt er „berufliche Stationen in Frankfurt und New York“. Auch hier handelte es sich jeweils um ein Praktikum. Doch dem ehemaligen Praktikanten ist es lieber, dass es anders scheinen soll. Manchen erschien er als „ordnungspolitisches Gewissen der Nation“. Wenig Ordnungspolitik, aber ganz viel Glamour strahlte das berühmte Foto aus, wo er sich auf dem Times Square positionierte. Die Arme weit gespannt, siegessicheres Lächeln, leuchtender Casino-Kapitalismus im Hintergrund, mein ist die Zukunft.

In zu Guttenberg ist der Antiheld noch ein Kleinkind, als Erwachsener ist er ein Kapitän, der seine Passagiere im Stich lässt.

Das Medienecho über seine Person war zunächst ausgesprochen positiv, von einem möglichen Blender war nirgendwo die Rede. Im Gegenteil. Er wurde gelobt, sei fleißig, authentisch und habe eine rasche Auffassungsgabe. Als Bundesminister der Verteidigung war er bei der Truppe beliebt. Was seine Leistungen in diesen Positionen angeht, so gehen die Meinungen auseinander. Thomas de Maizière, sein Nachfolger, war zufrieden. Der frühere Verteidigungsminister Volker Rühe konnte nur den Kopf schütteln über die Aussetzung der Wehrpflicht ohne eine Strategie entwickelt zu haben, wie das fehlende Personal ausgeglichen werden soll. Vielleicht hätte zu Guttenberg eine solche entwickelt, doch dann kam die Plagiatsaffäre. In ihr wurde klar, dass er wesentliche Teile seiner Doktorarbeit „Verfassung und Verfassungsvertrag. Konstitutionelle Entwicklungsstufen in den USA und EU“ abgeschrieben hatte, und zwar wortwörtlich ohne Kennzeichnung der Zitate. Wieder das Muster Blendung, wie schon im Lebenslauf. Der Vorwurf der Fälschung wurde von ihm zunächst als „abstrus“ bezeichnet und gänzlich zurückgewiesen. Dann gab er doch einige Fehler zu und begründete diese mit einer hohen Arbeitsbelastung. Kein Schachzug, denn die haben viele Doktoranden. Natürlich hatte er seine Doktorarbeit nach bestem Wissen und Gewissen angefertigt, aber vorsätzlich getäuscht? Niemals.

Doch wenn 271 Seiten seiner Doktorarbeit Plagiate enthalten, dann kommen nicht nur Rechtswissenschaftler zu dem Schluss, dass es sich hier nicht um einen Zufall, sondern um Vorsätzlichkeit handeln muss. Das sagt einem der gesunde Menschenverstand.

Aus dem Skandal zog zu Guttenberg im März 2011 die Konsequenz und trat von allen politischen Ämtern zurück. Danach fing die überwiegend positive Berichterstattung in den Medien an zu bröckeln. Selbstverständliche Leistungen des Ministers seien zu großen Erfolgen aufgeblasen worden, man habe ihn bewusst zum Star gemacht, als Vorbereitung auf die Kanzlerrolle.

Ist zu Guttenberg ein Antiheld? Ein kleinwenig schon, so eine Art Felix Krull der Merkelära, verfilmt in dem satirischen Fernsehfilm „Der Minister“ (2013). In zu Guttenberg ist der Antiheld noch ein Kleinkind, als Erwachsener ist er ein Kapitän, der seine Passagiere im Stich lässt.

Albert Speer (1905 - 1981)

„… die verführerische Einfachheit, mit der er die Kompliziertheit unserer Probleme anging – das alles verwirrte und bannte mich. Von seinem Programm wusste ich so gut wie nichts. Er hatte mich ergriffen, bevor ich begriffen hatte."

So beschreibt der Architekt und spätere Rüstungsminister die nahezu hypnotische Anziehungskraft Adolf Hitlers. So fixiert auf seine Leidenschaft Architektur schottete er sich gegenüber der Politik, der Unmoral ab. Als jemand, der regelmäßig Zugang zum Zentrum der Macht und Hitlers Lieblingsresidenz Obersalzberg hatte, war sie nicht zu übersehen. Die Pflichterfüllung, ob als Architekt oder als Rüstungsminister, hatte für ihn größte Priorität. Was rechts und links daneben war, blendete er aus: die Demontage des Rechtsstaates, den Aufbau einer Willkürherrschaft, Folter von Andersdenkenden, aggressive Expansionspolitik, industriellen

Massenmord. Sicherlich war er ein intelligenter Mensch, doch Intelligenz ist zunächst einmal wertneutral wie ein Werkzeug. Es kommt darauf an, wofür man sie einsetzt. Albert Speer ist der Typus des Künstlers oder Technokraten, der durchaus sensibel ist, aber sich für bedrohliche gesellschaftliche Umstände nicht zuständig fühlt. Als er zum Schluss nichts mehr übersehen konnte, entschloss er sich 1944/45 zum Widerstand.

Albert Speer ist ein Antiheld, da er den Menschentyp verkörpert, der totalitäre Herrschaft möglich macht.

Politisches Desinteresse und eine romantische Neigung beschreibt er schon auf den ersten Seiten seiner Memoiren („Erinnerungen"). In die Natur flüchtete er sich vor einer immer komplizierter werdenden Welt. Kaum 30 Jahre alt wurde er Hitlers Architekt und war berauscht von den Möglichkeiten, die sich ihm in dieser Stellung boten. Sechs Jahre später übernahm er das „Ministerium für Bewaffnung und Munition". Im Sommer 1940, auf dem Höhepunkt der Macht des NS-Regimes begann er allmählich die Substanzlosigkeit und Menschenverachtung der neuen Herrschaft zu erkennen. Dennoch erfüllte er weiterhin noch brav seine Aufgaben. Immerhin schreibt er ungeschönt in seinen Memoiren: „Ein amerikanischer Historiker hat von mir gesagt, ich hätte die Maschinen mehr geliebt als Menschen. Er hat nicht unrecht."

Vor dem Hintergrund einer mehrmonatigen Erkrankung 1944 konnte er sich von seiner Pflichterfüllungsmanie ein klein wenig distanzieren. 1944/45 entschied er sich zu Attentatsvorbereitungen gegen Hitler, die ins Leere liefen. Hektisch sollte sein Lebensirrtum aus der Welt geschaffen werden. Bei den Nürnberger Prozessen verkaufte er sich gut. Gestand Schuld ein und verwies nicht wie viele der Angeklagten auf Hitler, Himmler und Goebbels als Alleinschuldige, also auf die, die man nicht mehr fragen konnte.

Dennoch ist Albert Speer ein Antiheld, da er den Menschentyp verkörpert, der totalitäre Herrschaft möglich macht. Der, der funktioniert und dem nur sein Funktionieren heilig ist. Dadurch wird ermöglicht, dass das Unheilige zum Programm werden kann.

Lafayette Ron Hubbard
(1911 – 1986)

Für Bertolt Brecht war es wesentlich klüger, eine Bank zu gründen als eine auszurauben. Analog hierzu war es für Hubbard wesentlich geschickter, eine Religion zu gründen, als gegen eine Religion zu kämpfen. Ob man seine Lehre als Religion bezeichnen kann, ist jedoch umstritten. Er startete zunächst als Science-Fiction-Autor und hatte während des 2. Weltkrieges ein kurzes Intermezzo bei der Navy, wo gemäß einem Gutachten eine Persönlichkeitsstörung mit paranoiden und schizoiden Anteilen beschrieben wurde. Gut möglich, dass der Kontakt zur Militärpsychiatrie nicht der beste war und er deswegen in seiner Scientology-Glaubenslehre für eine Abschaffung der Psychiatrie plädierte. In seiner Militärzeit kam er auch auf die Idee, dass der Geist über die Materie herrsche. Ab den 1960er Jahren trat er als Erfinder hervor und entwickelte u. a. ein Messinstrument für die Schmerzen, die Tomaten beim Aufschneiden erleiden. Offenbar reichte der Geist in der Tomate nicht aus, diese zu beherrschen. 1950 erschien sein Buch „Dianetik“, die Bibel der Scientology-Religion. Kern dieser Lehre ist es, dass die unsterbliche Essenz eines jeden Menschen ursprünglich auf fernen Planeten existierte und durch eine Art intergalaktischen Teufel zur Erde transferiert und traumatisiert wurde. Der Mensch habe durch diese Prozesse Spiritualität und kreatives Potential eingebüßt. Scientology bringe ihm beides zurück. Irrationalitäten wie diese sind das Wesen der Religion, das ist nicht das Problem. Problematisch sind die Praktiken von Scientology. Das Antiheldentum ist darin begründet, dass L. Ron Hubbard ein streng hierarchisches System geschaffen hat, das totalitäre Züge aufweist.

In Lebenskrisen bietet Scientology vordergründig Hilfen an, um nachfolgend Menschen an sich zu fesseln und seinen Prinzipien zu unterwerfen. Das wichtigste Prinzip heißt Bezahlen, denn um zu höheren Bewusstseinsstufen zu gelangen, werden Unsummen Geld verlangt. So sollen die Psychokurse bis zur höchsten Bewusstseinsstufe, die völlige Freiheit ermöglichen soll, umgerechnet ca. 488.000 Euro kosten. Hubbard war nicht nur Religionsgründer, sondern auch Unternehmergenie. Er machte sich die amerikanische Sinnkrise ab den 1950er Jahren zunutze, als es zu einem Boom kam von Psychoanalyse, Lebensberatung, Esoterik und anderen Methoden des Religionsersatzes. In Konkurrenz dazu bot Hubbard für alle Lebensprobleme sein Glaubenssystem als Lösung an. Hinzu kam noch eine gehörige Prise (Pseudo)-Wissenschaft und fertig war eine geniale Geschäftsidee. Als Religionsgemeinschaft entfiel dann auch noch die Steuerpflicht. Doch das reichte Hubbard nicht. In den 1970er Jahren gelang es seinen Anhängern sogar zeitweise, unentdeckt in der Steuerbehörde zu spionieren. Hubbard hat ein zutiefst antidemokratisches System geschaffen, das von den meisten deutschen Juristen als grundgesetzwidrig angesehen wird. Dementsprechend erfolgt seit 1997 die Beobachtung durch den Verfassungsschutz. Hubbard selbst hat sich in den letzten Lebensjahren nicht mehr in der Öffentlichkeit gezeigt. Hypochondrie und Vernichtungswünsche gegenüber seinen Gegnern sollen ihn gezeichnet haben. Es wird kolportiert, dass er seinen Anhängern den Anblick seiner Person habe ersparen wollen, um ihnen nicht zu zeigen, was seine Lehre aus einem Menschen machen könne.

Che Guevara (1928-1967)

Die Entführungs- und Terroraktionen der RAF gingen 1977 als „Heißer Herbst“ in die Geschichte der Bundesrepublik ein. Als im September jenes Jahres eine gekaperte Lufthansa-Maschine nach Mogadischu flog, trugen die Entführer T-Shirts mit dem berühmten Porträtfoto von Che Guevara. Für den Existenzphilosophen Jean Paul Sartre war er der „vollkommenste Mensch unserer Zeit“. Manche bezeichneten ihn als „Christus mit der Knarre“.

Wer so beeindruckt, hat kein Durchschnittsleben geführt. Aufgewachsen in Argentinien in eher bürgerlicher Atmosphäre entscheidet er sich zu einem Medizinstudium in Buenos Aires. In dieser Zeit führen ihn mehrmonatige Reisen durch den gesamten südamerikanischen Kontinent, auf denen er genau soziale Ungerechtigkeit und Armut beobachtet. In Mexiko lernt er Fidel Castro kennen und schließt sich ihm und seiner Invasion auf Kuba an. Nach einem zwei Jahre dauernden Guerillakampf ziehen sie am 1. Januar 1959 siegreich in Havanna ein, der gestürzte Diktator Batista flieht in die USA. Che Guevara wird zunächst Präsident der Nationalbank. Ironischerweise gerade er, der sich nach seinen Selbstbekenntnissen nichts aus Geld macht. Später vollzieht er den Wechsel zum Industrieminister. Aus beiden Funktionen sind wesentliche und tragfähige Verbesserungen für die kubanische Bevölkerung nicht bekannt. Eher das Gegenteil. Waren seine Taten wenig berauschend, so traf dies eher auf seine Worte zu. Metaphorisch, schwer mit Bedeutung aufgeladen und nach den höchsten Zielen greifend, wie beispielsweise den neuen sozialistischen Menschen zu formen. Sätze wie „Solidarität ist die Zärtlichkeit der Völker" oder „Seien wir realistisch, versuchen wir das Unmögliche", können das kritische Bewusstsein der Zuhörer schon mal kräftig benebeln. Der letzte Satz hat übrigens eine frappierende Ähnlichkeit mit dem Goebbelsspruch: „Möglichkeiten interessieren uns einen Dreck, wir wollen das Unmögliche". Wenn rechts und links ins Extreme gehen, kommen sie erstaunlich nahe zusammen. Doch das ist eine andere Geschichte.

Wenn rechts und links ins Extreme gehen, kommen sie erstaunlich nahe zusammen.

Innenpolitisch gescheitert, ohne dass daran Kritik geübt werden darf, zumindest in der Öffentlichkeit, wird er außenpolitisch zur Werbeikone für die kubanische

Revolution. Tritt mit rhetorischer Gewandtheit und Vehemenz für den Sozialismus und die Weltrevolution ein. Zu dieser geht selbst die Sowjetunion auf Distanz und Che Guevara beschuldigt sie, die Dritte Welt im Befreiungskampf zu wenig zu unterstützen. Das ruft den moskautreuen Castro auf den Plan und es kommt zu einem angeblich 40-stündigen (!) Gespräch. Danach verschwindet der Weltrevolutionär für zwei Jahre von der Bildfläche und beteiligt sich an Guerillakriegen im Kongo und in Bolivien, wo er schließlich erschossen wird. Beide Kriege haben an den herrschenden Machtverhältnissen nichts verändert.

Über ein halbes Jahrhundert nach seinem Tod ist der Personenkult um Che Guevara gründlich entzaubert worden. Der Kompromisslose war über den Kompromiss des Atomwaffenabzuges der Sowjetunion in der Kubakrise maßlos enttäuscht, gar verbittert gewesen, hätte lieber einen Atomkrieg in Kauf genommen. Gerade als politisch Interessierter und insbesondere als Arzt dürften ihm die Folgen von Hiroshima bewusst gewesen sein. Einigen Zeitzeugen galt er als Schlächter, da er Hunderte von Todesurteilen unterschrieben hat und teilweise auch eigenhändig Todesurteile vollstreckte.

Che Guevara ist der klassische Typ des Fanatikers.

Judith Butler (geb. 1954)

Die nächste Antiheldin wuchs in einer jüdischen Akademikerfamilie auf. Schon mit 14 Jahren entwickelte sie ein Interesse für philosophische und theologische Fragen. Das Studium an der Elite-Uni Yale schloss sie ab mit einer Promotion über die Auseinandersetzung Hegels mit dem Begriff der Begierde. Die Bedeutung und Wirkung von Sprache und Wort beschäftigte und beschäftigt sie weiterhin. Heute ist sie Professorin in Berkeley, Kalifornien, hatte aber auch immer wieder Gastprofessuren in Europa. Also eine durchaus gebildete Frau, deren Interessenschwerpunkt bei ethnischen und sexuellen Minderheiten liegt. Heftigste Kritik entzündete sich an ihrer Kritik an der israelischen Palästinenserpolitik und brachte ihr den Vorwurf des Antisemitismus ein.

Sie ist lesbisch und scheint Heterosexualität als gesellschaftlichen Zwang zu erleben. Ihr Hauptwerk „Gender Trouble. Feminism and the Subversion of Identity" erschien 1991 in der deutschen Übersetzung mit dem Titel

„Das Unbehagen der Geschlechter“. Wobei Trouble in der Regel mit „Ärger“ übersetzt wird. Das wäre auch passender. Denn Judith Butler scheint maßlos verärgert zu sein, dass fast alle Menschen es als selbstverständlich annehmen, als Mann oder Frau geboren zu werden. Doch diese – man verzeihe mir den antiquiert reaktionären Begriff – natürliche Ordnung will sie zerstören. Ihr o. g. Hauptwerk ist gewissermaßen ein Beerdigungsinstitut für Selbstverständlichkeiten. Die Botschaft in Kürze: Ein biologisches Geschlecht gibt es nicht, dies ist vielmehr ein soziales Konstrukt, von dem es mindestens 60 Varianten an Geschlechtsidentitäten geben soll. Die Genderideologie führt dazu, dass über Ampelmännchen und Ampelweibchen gestritten wird und im Kielwasser dieser Ideologie auch noch eine „gendergerechte“ Sprache als Norm durchgedrückt werden soll. Da Sprache eine Funktion des Denkens ist, stellt dies den Versuch dar, die Gesellschaft radikal zu verändern. Statt „die Studenten das Leben einer Studentenstadt prägen“ soll es heißen „die Studierenden das Leben einer Studierendenstadt prägen“ (Kuby, Die globale sexuelle Revolution). Das ganze Künstliche und Zurechtgedachte tritt hier zutage. Die Genderideologie ist eine zutiefst antihumanistische Ideologie, die nur orientierungslose Menschen zurücklassen wird. Warum sie von politischen Entscheidungsträgern so pro-

Ihr Hauptwerk ist gewissermaßen ein Beerdigungsinstitut für Selbstverständlichkeiten.

tegiert wird? Wahrscheinlich hat dies schon Napoleon beantwortet: „Man ist viel mehr in Sicherheit, wenn man die Menschen mit Absurditäten beschäftigt, als mit richtigen Ideen." Diese Absurdität hat nichts zu den wirklich dringenden Problemen der Welt beizutragen, ob es Umweltverschmutzung, Überalterung in den westlichen Industrienationen, ökonomische Ungleichheit oder was auch immer ist. Nicht jede Übertreibung dieser Ideologie geht auf das Konto von Judith Butler, doch ist sie die Hauptinitiatorin. Dafür gebührt ihr ein Platz in den vorderen Rängen der Antihelden.

Carsten Maschmeyer (geb. 1959)

Der in Bremen geborene Maschmeyer wuchs in ärmlichen Verhältnissen auf, Mutter Schulsekretärin, Stiefvater Ingenieur, streng und humorlos. Also nichts wie raus aus der Spießigkeit der Vorachtundsechziger. Auch eine gewisse Außenseiterposition in der Schule mindert in keinster Weise den Glauben an sich selbst. Nach dem Abitur folgen zwei Jahre bei der Bundeswehr, wo er es zum Reserveoffizier beim Sanitätsdienst bringt. Dass er dann das Medizinstudium beginnt, um später mit Leidenschaft und Hingabe Arzt zu sein, darf bezweifelt werden. Die medizinische Hochschule Hannover exmatrikuliert ihn 1982 wegen zu hoher Fehlzeiten. Sicher musste er wie viele andere auch nebenher arbeiten. Aber gleich so viel? Schon damals arbeitete er in den Bereichen Vermögensberatung und Finanzen. Dass in der Geldvermehrung die wahren Triebkräfte seiner Existenz liegen, ist bestimmt keine Überinterpretation, sein außerordentlicher Erfolg bestätigt dies. Vom Studienabbrecher zum Milliardär,

Materialismus sticht Humanismus. Die erste Million gibt es mit 24. Doch die genügt ihm nicht. Zwei Jahre später wird er in der OVB (Organisation für Vermögensberatung und Finanzierungen) Landesdirektor, jedoch auf unsicherem Terrain. Interne Querelen führen zur Entlassung, die mit einer Millionenabfindung garniert wird. Sechs Jahre später beginnt er bei der AWD, dem Finanzbetrieb *Allgemeiner Wirtschaftsdienst.* In diesem Allgemeinen widmet sich Maschmeyer ganz speziell seinen eigenen Finanzen. Zwar werden potentielle Investoren ohne Banken und Versicherungsunternehmen beraten, doch 1995 rät die Stiftung Warentest von dieser Form der Beratung dringend ab. Monsieur Maschmeyer erhält sogar den Titel König, allerdings den wenig schmeichelhaften „Drückerkönig". Im Oktober 2000 geht es an die Börse. Einen Monat später berichtet die Zeitschrift Finanztest über den Handel des AWD mit Schrottimmobilien. Im Juli 2007 wird der AWD wegen unlauterer Geschäftspraktiken verurteilt. Der Betrug an über 30.000 Anlegern wird 2011 vom Stern aufgedeckt. Mit diesen riskanten Finanzprodukten kassierte Maschmeyer hohe Provisionen. Reich wurde nur er. Nur wenige in Deutschland verfügen über ein größeres Vermögen. Maschmeyer ist ein Artist des Neoliberalismus, eine Bestnote im Fach Ethik bringt man mit seiner Person nicht in Verbindung.

Der Betrug an über 30.000 Anlegern wird 2011 vom Stern aufgedeckt.

Alkibiades (450 bis 404 v. Chr.)

Je besser die Rhetorik umso größer die Selbstliebe. Das ist keine allgemeingültige Feststellung, aber doch kein ganz so seltenes Phänomen. Bei Alkibiades war es sicher zutreffend. Der Neffe von Perikles, Schüler von Sokrates, wurde schon früh von diesen in Rede und Argumentation geschult. Das setzte er geschickt ein im Kampf um die Machtstellung in Athen. An Verträge hielt er sich, so lange sie ihm passten. Verlässlichkeit stand nicht auf seiner Agenda. Er suchte seinen Vorteil, ohne Regeln zu achten, und Verantwortung war ihm eine leere Worthülse. 415 stachelte er die Athener zur Machtausweitung nach Sizilien an und leitete damit eine neue Phase des peloponnesischen Krieges ein, die fast 30-jährige Auseinandersetzung zwischen dem demokratischen Athen und dem oligarchischen Sparta. Von Athen einer Mysterienentweihung angeklagt, hatte er nicht die geringsten Hemmungen, sich mit dem Gegner Sparta zu verbünden. Er hätte sich auch gegen die Anklage verteidigen können, scheute aber das Risiko, in dieser Auseinandersetzung Verlierer zu sein. Stattdessen gab er Sparta wichtige Hinweise, wie Athen zu bekämpfen sei. Die Demokratie, die er vorher so verteidigt hatte, war für ihn auf einmal ein Trugschluss. Doch so richtig konnten die Spartaner kein Vertrauen zu ihm aufbauen: Jemand, der mit den unterschiedlichsten Menschen Gespräche führte, irgendwie überall zu Hause ist und dann noch die Frau eines spartanischen Königs verführt, bleibt eine suspekte Figur. Das blieb auch Alkibiades nicht verborgen, er knüpfte wieder Kontakte nach Athen und wurde erneut deren Feldherr. Ein durchaus flexibler Mensch. Strategisches Geschick bei einigen Seeschlachten verschaffte ihm einen triumphalen Einzug in Athen. Durch eine wenig glückliche Hand bei weiteren Militäraktionen wurde er jedoch seines Postens enthoben. Sein Rückzug nach Persien endete mit der Ermordung, veranlasst durch einen spartanischen Feldherrn.

Im selfieverliebten digitalen Zeitalter wäre er bestens klargekommen.

Alkibiades war ein gebildeter Mensch mit Charme und Schönheit minus Ethik und Moral. Seine Intelligenz setzte er ausschließlich für seine eigenen Zwecke ein. Im selfieverliebten digitalen Zeitalter wäre er bestens klargekommen. Aufmerksamkeit erzeugen und Menschen verzaubern, kein Problem für ihn. Die antike Keimzelle von Guttenberg und Co heißt Alkibiades.

2. Helden – eine Auswahl

Sokrates (470-399 v. Chr.)

Fast ebenso bekannt wie Sokrates ist seine zänkische Frau Xanthippe, die ihn durch ihre Art aus dem Haus und in die Philosophie hineintrieb. Auch sein Elternhaus würde man nicht gerade mit Philosophie verbinden – Vater Steinmetz, Mutter Hebamme. Bevor Sokrates sich ganz der Philosophie widmete, war er zunächst Soldat und verwaltete danach politische Ämter. Politik und Philosophie verbinden sich im sokratischen Denken in der Art, dass Sokrates sich ganz dem menschlichen Leben zuwendet, Fragen stellt wie: *Was kann der Mensch über sich selbst wissen?* und *Was ist ein vernünftiges Leben? Wie kann man Selbsttäuschungen entgehen? Ist die Seele des Menschen unsterblich?* Vor Sokrates beschäftigte sich die Philosophie mit Fragen über den Kosmos, das Wesen der Natur oder der Beschaffenheit der Materie. Eben die Vorsokratiker. Sokrates beschäftigte sich vielmehr mit Menschen und Beziehungen von Menschen, ging direkt auf sie zu und sprach sie an, stellte Grundsätzliches in Frage. Es geht ihm um die Wahrheit und nicht darum, recht zu haben. Damit grenzt er sich ab von den Sophisten, die rhetorische Tricks anwenden, um auf Kosten der Wahrheit recht zu bekommen. Sich im vermeintlichen Recht zu sonnen ist nicht der Weg des Sokrates. Es ging ihm um Erkenntnis, auch wenn diese manchmal recht unbequem war. Weniger für ihn als anspruchslosen und bedürfnisarmen Menschen, als vielmehr für seine Mitmenschen, deren Gewissheiten im Dialog mit Sokrates erschüttert wurden. Wer ständig Gewissheiten hinterfragt und gleichzeitig eine große Zuhörerschaft von jüngeren Menschen um sich versammelt, ist eine Gefahr für das Establishment. Das war nicht nur den 68ern klar, das wusste man schon in den griechischen Stadtstaaten weit über 2000 Jahre vorher. Und so war es folgerichtig, dass Anklage gegen Sokrates erhoben wurde. Angeblich soll er die Jungend zu einem unmoralischen Lebenswandel verführt haben. Die Erfindung neuer Götter warf man ihm ebenfalls vor. Für Sokrates wäre es ein Leichtes gewesen, all dies argumentativ zu entkräften. Er ging einen anderen Weg. Er stellt die für alle gültigen Gesetze über sein individuelles Dasein. Man könne nicht ein Leben lang die Vorteile eines Staates genießen und dann, wenn es brenzlig würde, vor den Gesetzen davonlaufen. Die angebotene Flucht kam für ihn nicht in Frage, das Gift

Wer ständig Gewissheiten hinterfragt, ist eine Gefahr für das Establishment.

des Schierlingsbechers nahm er gefasst zu sich. Zum Schluss sagte er: „Nun ist es Zeit wegzugehen: für mich um zu sterben und für Euch, um zu leben. Wer von uns dem besseren Zustand entgegengeht, ist jedem verborgen, außer dem Gott."

Seine Ideen haben bis heute überlebt. So ist beispielsweise der sokratische Dialog in der Psychotherapie ein anerkanntes und etabliertes Verfahren, um negative Selbstbeurteilungen, die zu Depressionen führen können, kritisch zu hinterfragen, um die Genesung zu ermöglichen.

Claus Schenk Graf von Stauffenberg (1907-1944)

Schon von Geburt an zirkelte er nicht um sich selbst. Den späteren Widerstandskämpfer beschäftigte erst einmal sein Zwillingsbruder, der einen Tag nach seiner Geburt verstarb. Sechs Jahre später war es für ihn eben dieser, der die schützende Hand über ihn hielt, als er sich bei einem Unfall nicht noch schwerere Verletzungen zuzog, und nicht der Schutzengel, wie man ihm erzählte.

Auch bei seiner Erstkommunion war er gedanklich ganz mit ihm beschäftigt.

Das Ende des Ersten Weltkrieges 1918 bedeutete für die Familie Stauffenberg eine Zäsur. Monarchie war für sie so selbstverständlich und verpflichtend wie für die meisten von uns heute die Demokratie. Doch ob Russland, Deutschland, Österreich oder weitere führende Mächte, die Monarchie gehörte 1918 oder wenige Jahre später endgültig der Vergangenheit an, spielte allenfalls noch eine Rolle als repräsentative Inszenierung. Mindestens seit dem 16. Jahrhundert fühlte sich die Familie Stauffenberg mit den Königen und Kaisern solidarisch verbunden und standen in ihren Diensten. Und jetzt Demokratie? Skepsis regte sich bei den Stauffenbergs, auch bei Claus und seinen zwei Brüdern. Nicht nur die Demokratie, auch Deutschland als Nation wurde kritisch betrachtet. In dieser Situation begann für die drei Brüder 1923 die Hinwendung zum Dichter Stephan George. Für viele verkörpern er und seine Dichtung das geheime Deutschland, ein leider nicht genau bestimmbares, in jedem Fall aristokratisch-idealisiertes Gebilde, das genauso wie die Stauffenbergs mit dem Königsgeschlecht der Stauffer verbunden war. 1924, anlässlich der 700-Jahr-Feier der Universität Neapels, die der Stauffer Friedrich II. gegründet hatte, soll aus dem George-Kreis an seinem Sarkophag ein Kranz niedergelegt worden sein, den der Schriftzug zierte: „Seinem Kaiser und Helden / Das geheime Deutschland". Es war die idealisierte und zurechtgedachte Vision eines deutschen Wesens von Adel und Ritterlichkeit, eine Abgrenzung zum bedürfnisorientierten Durchschnittsmenschen, den man aus Sicht der Stauffenbergs am ehesten durch die Demokratie repräsentiert sah. Die Identifikation mit Stephan George und dem geheimen Deutschland war somit nur allzu konsequent. Weniger konsequent war für Stauffenbergs Mitmenschen sein Berufswunsch Soldat. Zumal er vielmehr ein feingeistiger Intellektueller mit Neigung zum Kranksein war, als eine robuste Kämpfernatur. Die Entscheidung, Soldat zu werden, fiel auch nicht vor dem Hintergrund, den Krieg als letztes Abenteuer zu erleben, einem fragwürdigen Männlichkeitsideal zu frönen oder sich Ruhm im Kampf zu erwerben. Es war der fast schon romantische Gedanke, wahrscheinlich im Sinne des geheimen Deutschlands, der deutschen Nation in der Reichswehr zu dienen, in der nicht wenige weiterhin zur Monarchie standen. Dieser Dienst war mit Führung und Ausbildung junger Menschen verbunden. So wie George ihn geprägt hatte, so wollte er diese prägen im Sinne von Schönheit, Adel und Größe. Tugenden, die für heutige Ohren ziemlich nostalgisch klingen. Vage und unbestimmt waren sie schon damals. Andererseits boten sie einen gewissen Schutz, Hitler und den Nationalsozialisten zu verfallen. Über beide äußerte sich Stauffenberg im Laufe der Zeit von 1933 bis zu seiner Erschießung 1944 zunehmend kritischer bis vernichtend. Schließlich waren die Nazis für ihn „die braune Pest" und Adolf Hitler „der Fürst des Ungeziefers". Im Gegensatz zu Stalin, der den Krieg komplett seinen Generälen überließ, mischte sich Hitler als Oberbefehlshaber der Wehrmacht in alles ein. Mit desaströsen Folgen. So wendete sich der Führer persönlich an sein Volk, um Winterbekleidung für die Soldaten an der Ostfront zu spenden. Wenn ein Diktator seinem eigenen Volk aus Fanatismus Stück für Stück die Existenzgrundlage entziehen wird, war für Stauffenberg der Tyrannenmord erste Soldatenpflicht, der sich alle persönlichen Belange unterzuordnen hatten.

Ursprünglich war das Attentat schon für den September 1943 geplant. Doch zuvor verlor er während eines Fronteinsatzes in Tunesien am 7. April 1943 die rechte Hand, Klein- und Ringfinger der linken Hand sowie das linke Auge. Behinderungen, die das Attentat am 20. Juli 1944 nicht gerade begünstigten. An diesem Tag lag eine brütende Hitze über dem Führerhauptquartier „Wolfsschanze" in Ostpreußen. Deswegen wurde die Lagebesprechung mit Hitler kurzfristig vom soliden Steingebäude in eine luftigere Lagerbaracke verlegt, wo ein Teil der Sprengwirkung verpuffen musste. Zwei Packungen Plastiksprengstoff mit 975 g verpackt in einem Aktenkoffer, so nah beim Führer wie möglich, sollten zur Anwendung kommen. Diese Menge hätte auch in einer Holzbaracke eine ausreichende Sprengwirkung erzielt. Wahrscheinlich waren es Hast, Eile, innere Anspannung und Nervosität, die dazu führten, dass Stauffenberg nur eine Sprengpackung in seine Aktentasche bekam. Diese reichte tatsächlich nicht aus. Hitler überlebte nahezu unverletzt und Stauffenberg gelang gerade noch die Flucht aus der Wolfsschanze nach Berlin, wo er noch am selben Tag erschossen wurde. Einen Tag später ließ Himmler seine und die Leichen der anderen Widerstandskämpfer ausgraben, verbrennen und die Asche über Äcker ausstreuen.

Janusz Korczak (1878-1942)

Das Charisma Janusz Korczaks lässt sich nicht nur aus seiner Heldentat erklären. In der Pädagogik schuf er nicht nur humanistische Ideale, sondern lebte sie. Vorher war er als Kinderarzt und besonders als Schriftsteller erfolgreich, wuchs in einer reichen jüdischen Advokatenfamilie auf. Doch ab 1896 konnte dieser Reichtum durch die schwere Erkrankung des Vaters, der im selben Jahr in einer Nervenheilanstalt verstarb, nicht mehr gehalten werden. Korczak musste einspringen und trug durch Nachhilfe zum Familienunterhalt bei. In dieser Zeit zeigte sich auch seine schriftstellerische Begabung und er gewann für „Der Gordische Knoten" einen Nachwuchspreis. Seiner schriftstellerischen Leidenschaft blieb er zeit seines Lebens treu und das Bonmot von Anton Tschechow, ebenfalls schriftstellender Arzt, zieht herauf: „Die Medizin ist meine gesetzliche Ehefrau, die Literatur meine Geliebte". Korczak absolvierte sein Medizinstudium von 1998 bis 1904. Prominent wurde er durch seine ersten Bücher, die so erfolgreich wurden, dass es in den oberen gesellschaftlichen Kreisen angesagt war, sich von ihm behandeln zu lassen. Mit dem durch seine Bucherfolge verdienten Geld hätte er sich ein schönes Leben machen können. Doch das Leid der Kinder in den unteren sozialen Schichten berührte ihn mehr. Dort floss dann auch das Geld seiner Bucherfolge hin. Schließlich gab er den Arztberuf auf und übernahm die Leitung eines jüdischen Waisenhauses in Warschau. Seine Tätigkeit als Arzt nimmt er kurzfristig als Militärarzt für die russische Armee im 1. Weltkrieg wieder auf. Danach widmet er sich weiter seiner Arbeit für Kinder und geht in ihr ganz auf. Das verbindet er mit seinem schriftstellerischen Talent und gibt die erste Zeitschrift für Kinder heraus, die ebenfalls mitarbeiten. Zusammen mit Kindern hat er seit den 1930er Jahren Auftritte im polnischen Rundfunk. „Die Welt reformieren heißt, die Erziehung reformieren", war seine Hauptidee. Konkret hieß das, u. a. Kinder ernst zu nehmen. Zu welcher sozialen Klasse sie gehören, spielte für ihn keine Rolle.

Nach dem Hitler-Stalin-Pakt kam es ab September 1939 zu einem Zweifrontenkrieg und Polen wurde erneut zwischen Deutschland und Russland aufgeteilt. Der Holocaust begann. Im August 1942 sollten 200 Kinder aus Korczaks Waisenhaus in das KZ Treblinka deportiert werden. Die Deportation von Korczak selbst war von Hitlers Vollstreckern nicht vorgesehen. Er hätte nicht sterben müssen. Doch stattdessen bat er die Deutschen inständig, „seine" Kinder nicht verlassen zu müssen. Jahrelang hatte er mit ihnen verbracht, da wollte er sie auf dem letzten Weg nicht verlassen. Durch das Erzählen von phantasiereichen und schönen Geschichten lenkte er sie ab, denn das Ende mit Schrecken würde noch früh genug kommen. All dies hielt er in seinen Tagebuchaufzeichnungen fest, die am 05.08.1942 enden. Wenige Tage später wurde er hingerichtet.

Oriana Fallaci (1929-2006)

Bei ihrer Geburt söhnte sich Mussolini mit dem Papst aus, der ihn als „Mann der Vorsehung" bezeichnete. Orianas Vater bekämpfte Mussolini aus dem Untergrund heraus und hatte auf seine Tochter einen maßgeblichen Einfluss. Als sie 1943 während der Schrecken eines Bombenangriffs zu weinen anfing, verpasste er ihr eine schallende Ohrfeige, um sie zu mutigem Verhalten zu zwingen. Kuschelpädagogik gab´s noch nicht. Seitdem flossen ihre Tränen nach innen und sie belieferte die Widerstandskämpfer mit Waffen und war als Fluchthelferin von deutschen KZ-Insassen nach Italien aktiv. Nach dem Zweiten Weltkrieg wurde sie Journalistin und kritisierte vehement den Feminismus, dem die Schwestern in der Burka egal waren. Auch prangerte sie die Zügellosigkeit an, die bis heute als Freiheit verkauft wird, also den Zustand, dass sich alles nur noch um Rechte dreht und Pflichten keine Rolle mehr spielen. Dabei war der Stil ihrer Interviews ausgesprochen konfrontativ und sie nahm kein Blatt vor den Mund. Henry Kissinger stöhnte, es sei „das katastrophalste Gespräch, das ich je mit einem Mitglied der Presse hatte". Kompromisse waren nicht ihre Sache. Auch ihr Wahrheitsbegriff entbehrte nicht einer gewissen Radikalität. Wahrheit war für sie, entgegen einer weitverbreiteten Ansicht, nicht unbedingt in der Mitte. Manchmal lag diese ganz auf einer Seite.

Auch prangerte sie die Zügellosigkeit an, die bis heute als Freiheit verkauft wird.

Weltberühmt wurde sie durch ihre vernichtende Islamkritik anlässlich der Terroranschläge am 11. September 2001. Diese schrieb sie trotz zu erwartender und eingetretener Morddrohungen. Zugegeben, ihr Buch „Die Wut und der Stolz" ist so ziemlich das Polemischste, was zu diesem Thema zu lesen ist, wo mit Sätzen wie „Bin Ladens Großvater, will sagen Hitler" oder „die verfluchten Söhne Allahs" nicht gerade gespart wird. Man muss Polemik nicht mögen, aber der Verfasserin kann nicht der Vorwurf gemacht werden, sich nicht klar ausgedrückt zu haben. Inhaltlich vertritt Fallaci die These, dass der radikale Islamismus im Grund genommen die logische Konsequenz des zu Ende gedachten Islams sei. Darüber hinaus sei die Islamisierung der westlichen Welt ein generationenübergreifendes Projekt, welches durch den demographischen Druck bzw. die schiere Masse der Gläubigen auf ganz legalem und demokratischen Weg erreicht werden soll. Erreiche der Islam die Dominanz, werde keine andere Religion neben ihm geduldet.

Die Kritik an diesem Pamphlet ließ nicht lange auf sich warten. Doch davon ließ sich die Autorin nicht beeindrucken, im Gegenteil, 2004 lud sie mit „Die Kraft der Vernunft“ noch einmal nach. Die erneuerte Warnung vor der Islamisierung Europas wurde verknüpft mit der global führenden Rolle des europäischen Denkens: Nationalität, Wissenschaft und Vernunft. Dem gegenüber sei der Islam irrational und mit den Werten der Aufklärung nicht vereinbar. Die mittlerweile schwer an Krebs erkrankte Fallaci erhielt Morddrohungen von Islamisten. Zwei Jahre nach der Veröffentlichung von „Die Kraft der Vernunft“ erlag sie ihrem Krebsleiden.

Giordano Bruno (1548-1600)

Dass das Aufbegehren gegen die herrschende Meinung ein durchaus ungesundes Verhalten sein kann, zeigt das Beispiel Giordano Brunos. Oft passen heldenhaftes Verhalten und Gesundheit einfach nicht zusammen. Der Neapolitaner besuchte zunächst die Universität seiner Heimatstadt und wurde Dominikaner. Wegen des Verdachtes der Ketzerei verließ er diesen Orden 1576 und begann eine Reise durch halb Europa. Der Versuch, den Makel der Ketzerei aus Rom zu entkräften, schlug fehl, da bekannt wurde, dass er kirchliche Schriften in einer Latrine entsorgt hatte. Fortan begann ein Wanderleben mit dem Ziel, einen Lehrauftrag an einer Universität zu bekommen. Dies klappte kurzzeitig in Toulouse, wo er durch ein brillantes Gedächtnis auf sich aufmerksam machte. Dahinter konnte nur Hexerei stecken, von Begabung oder Mnemotechniken wollte man nichts wissen. Nach seinem Übertritt zum Protestantismus wurde er in Toulouse durch die Hugenottenkriege bedroht und musste nach Paris ziehen, später nach Oxford, wo er den Universitätsbetrieb durch eine polemische Kritik bloßstellte. Also erneute Flucht, die immerhin mit einem Lehrstuhl in der Lutherstadt Wittenberg belohnt wurde. Doch auch den Lutheranern war er zu radikal und sie exkommunizierten ihn. So wurden auch die Aufenthalte in Frankfurt und Zürich nur Zwischenstopps. Die Rückkehr in die Heimat Italien war zunächst erfolgreich, immerhin kam es zu einer Dozententätigkeit in Padua. Brunos Lehre war seiner Zeit viele Jahrhunderte voraus. Fixsterne sind Sonnen, die von Planeten umkreist werden. Die Erde steht nicht im Zentrum unseres Planetensystems, sondern die Sonne. Wie in der Mathematik der Punkt, so gibt es auch in der Physik kleinste unteilbare Einheiten. Leben war auch auf anderen Planeten möglich. Das Universum ist räumlich und zeitlich unendlich. Wenn es das ist, dann kann es weder geschaffen worden sein, noch kann es ein jüngstes Gericht geben, wie es in der Bibel steht. Gott steht nicht im Gegensatz zur Natur, sondern ist in einer spezifischen Form im Sinne eines Pantheismus in sie hineingeflossen. Das war genug. Anfang 1593 wurde Giordano Bruno in Haft gesetzt. Die Lehre widerrufen? Eine Option für den Zeitgenossen Galileo Galilei, nicht für Giordano Bruno. Zuerst wurden seine Schriften verbrannt, am 17.2.1600 landete er selbst auf

Die Lehre widerrufen? Keine Option für Giordano Bruno.

dem Scheiterhaufen. Es wird kolportiert, dass man ihm die Zunge festgebunden hat, um zu verhindern, dass er zum gemeinen Volk spricht. So groß war die Angst vor ihm und seiner Lehre.

Roald Amundsen (1872-1928)

Anfang des 20. Jahrhunderts war es für die Menschen der westlichen Welt nahezu eine Besessenheit, die Pole der Erde zu entdecken, die letzten weißen Flecken. Hierfür alles in die Waagschale zu werfen, dazu waren der Brite Scott und der Norweger Amundsen bereit. Das scharfkantige Gesicht Amundsens mit der Hakennase könnte fast schon die zerklüftete Fjordküste Norwegens widerspiegeln, ein Land, das zum Teil in der Polarregion liegt. Keine ungünstigen Startbedingungen. Doch zunächst sah seine Mutter den Arzt in ihm, den er so gar nicht sehen wollte. Lieber weiße Landschaften als weißer Kittel, den er erst gar nicht anzog und sein Medizinstudium 1894 abbrach. Im selben Jahr wurde er Matrose auf einem Robbenfänger für eine Jagdsaison im Eis. Später folgten Offizierslaufbahn und Kapitänspatent. Die Qualifikation zum Polarforscher nahm allmählich Formen an. Es folgte die Teilnahme an der belgischen Südpolarexpedition 1897-1899. Auf einer dem

Südkontinent vorgelagerten Insel probierte Amundsen seine Skier aus. Er war wohl einer der Ersten, der in der Antarktis Ski fuhr. Seiner Erfahrung nach das ideale Fortbewegungsmittel. Die britische Antarktisforschung sah es etwas anders. Dort lautete die Doktrin: „Keine Skier, keine Hunde". Eine krasse Fehleinschätzung, wie sich beim Wettlauf zum Südpol 1911 zeigen sollte. Als der Brite Scott mit seinem Pferdeschlitten noch 3000 Meter hohes Gletschereis zu überwinden hatte, war Amundsen schon auf dem Hochplateau angelangt und begann mit seinen Hunden die letzten 1400 km zum Südpol. Eine Tagebuchnotiz lautete: „Alle sind entschlossen durchzukommen, koste es was es wolle". Enorme Anstrengungen folgten, aber es gelang. Dem Konkurrenten blieb nur noch der Blick auf die norwegische Flagge. Es war sein letzter Blick. Ein bitterer Sieg für den tiefreligiösen Amundsen. Hätte er den desaströsen Rückweg von Scott geahnt, Hilfe wäre für ihn selbstverständlich gewesen. Eine sicherlich genauso entschlossene und tatkräftige wie die 1928 auf der Suche nach dem Italiener Nobile, der bei dem Versuch, den Nordpol mit einem Luftschiff zu erreichen, verschollen war. Untätigkeit machte Amundsen verrückt und einem italienischen Journalisten sagte er: „... und ich wünsche nur, dass ich bei der Erfüllung einer großen Mission sterbe ...".

Es gab kein Zurück mehr und eine Restchance galt es zu nutzen.

Inzwischen hatte Nobile über Funk mitgeteilt, dass er auf einer kleinen Eisscholle nördlich von Spitzbergen sei. Amundsen wusste, dass das Flugzeug für eine Bergung nicht ganz so geeignet war. Dennoch bestieg er es, es gab kein Zurück mehr und eine Restchance galt es zu nutzen. Die Maschine verschwand in einer Nebelwand und stürzte ins Eismeer. Nobile rettete ein anderer.

Sophie Scholl (1921-1943)

Kommunisten gegen Sozialdemokraten, Nationalsozialisten gegen beide, Bürgerkrieg in Russland, 1922 Erschießung des Außenministers Walther Rathenau, der „Börsen- und Sowjetjude" – das Geburtsjahr von Sophie Scholl ein Jahr zuvor war eine politisch hochaufgeladene Zeit. Ihre Kindheit war jedoch mehr von christlichen Werten als von Politik geprägt, dafür sorgten die Mutter als ehemalige Diakonisse und das katholische Baden-Württemberg. Doch nach der Machtübernahme durch die Nationalsozialisten 1933 konnten sich weder Sophie noch ihre Geschwister vom NS-Gedankengut abgrenzen, im Gegenteil, aus ideologischer Infizierung wurde Identifizierung. Sophie Scholl wurde Mitglied beim Bund Deutscher Mädel (BDM) und übernahm Führungsaufgaben, um Mut und Härte zu trainieren. Stellvertretend für viele hat Albert Speer das Faszinosum der NS-Ideologie in seiner Beziehung zu Hitler beschrieben: „Er hatte mich ergriffen, bevor ich begriffen hatte". So wird es auch bei Sophie Scholl gewesen sein. Die daraus resultierenden Konflikte im Elternhaus waren ein Signum der Zeit, die NS-Bewegung war auch eine Jugendbewegung.

„Was wir sagten und schrieben, denken ja so viele. Nur wagen sie nicht, es auszusprechen."

Sophies Ausbildung als Kindergärtnerin wurde unterbrochen durch die Pflichtteilnahme am Reichsarbeitsdienst (RAD). Parallel widmete sie sich kirchlichen Schriften. Diese als auch die direkt erlebte Drangsalierung der Juden weckten in ihr den Zweifel am System. Bestärkt wurde sie durch ihren Bruder Hans, der als Medizinstudent während eines Sanitätseinsatzes an der Ostfront die Menschenverachtung von Regime und Krieg erfuhr. An der Münchener Universität schrieb sie sich ein für die Fächer Biologie und Philosophie, später trat sie der von ihrem Bruder mitbegründeten Widerstandsgruppe „Weiße Rose" bei. Der Protest gegen die Nazis wurde ein Programm gegen das Schweigen. Zitat Sophie Scholl: „Was wir sagten und schrieben, denken ja so viele. Nur wagen sie nicht, es auszusprechen". Unter Lebensgefahr wagt die Widerstandsgruppe dies in Form von Flugblättern. Darauf wurden aufrüttelnde Sätze formuliert wie: „Im Namen der Deutschen Jugend fordern wir vom Staat Adolf Hitlers die persönliche Freiheit zurück". Am 18. Februar 1943 werden Hans und Sophie bei einer Flugblattaktion in München entdeckt und verhaftet. Verteidigung oder gar Leugnung kommen für beide im Verhör nicht in Betracht. Im Gegenteil, sie stehen zu ihren Überzeugungen und wichtig ist für sie auch, ihre Mitstreiter zu schützen, indem sie sich als die Protagonisten der Widerstandsbewegung darstellen. Nur vier Tage nach der Verhaftung erfolgte die Hinrichtung.

Stanislaw Jewgrafowitsch Petrow (1939 - 2017)

Die am Pazifik liegende sibirische Hafenstadt Wladiwostok ist nicht gerade reich an bedeutsamen Persönlichkeiten. Den dort geborenen US-Schauspieler Yul Brynner kennen viele, Stanislaw Petrow dürfte den wenigsten ein Begriff sein. Während Yul Brynner auf der Leinwand dem ein oder anderen das Leben rettete, rettete Petrow gleich die ganze Welt. Ohne ihn hätte ich dieses Buch nicht schreiben und Sie es nicht in den Händen halten können, denn er verhinderte den 3. Weltkrieg.

Der Spross eines Jagdfliegers wurde sechs Jahre vor Beginn des Nuklearzeitalters geboren, musste mit seiner Familie in der Kindheit und Jugend oft umziehen und wurde später selbst Berufssoldat. Als Oberstleutnant der Luftverteidigung hatte er Dienst in der Nacht vom 25. auf den 26. September 1983. Der Kalte Krieg zwischen den USA und der Sowjetunion befand sich erneut in einer kritischen Phase, US-Präsident Ronald Reagan hatte die UdSSR als „Reich des Bösen" bezeichnet und beide Mächte hatten ein nukleares Waffenpotential angehäuft, das die Welt mehrfach vernichten konnte. Overkill nannte man das. Die Lage war zwar nicht so gespannt wie während der Kuba Krise, aber für eine nervöse Grundstimmung reichte es allemal. Davon blieb auch das Militär nicht verschont. Bei einem Angriff mit Atomraketen sollte allein die Information darüber ausreichen, um einen Gegenschlag auszulösen. Bis zur Detonation der Bomben im eigenen Land wollte man nicht warten. Die Idee vom unmittelbaren nuklearen Gegenschlag war Doktrin. Das Nicht-Erkennen einer Fehlwarnung würde die Sowjetunion zum atomaren Angreifer machen. Falls ein tatsächlicher Angriff nicht erkannt würde, hätte die Sowjetunion deutlich weniger Handlungsspielraum. Das waren die Rahmenbedingungen, als Petrow in der Nacht zum 26. September das Computersystem den Abschuss einer Atomrakete aus dem US-Bundesstaat Montana meldete. Nun musste er die Entscheidung treffen: Fehlalarm oder nicht, Hinzuziehung eines Vorgesetzten oder nicht. Da nur eine Rakete gemeldet wurde, ging Petrow von einem Fehlalarm aus. Atomarer Erstschlag der Amerikaner mit nur einer Rakete? Für Petrow ziemlich unplausibel. Doch dann meldete das System weitere Raketen, ins-

„Ohne Stanislaw Jewgrafowitsch, liebe Leser, gäbe es Sie wahrscheinlich nicht (mehr)."

gesamt fünf. Auch das waren für ihn weitaus zu wenige Raketen, er beriet sich mit niemand anderem und blieb bei seiner einsamen Entscheidung: Fehlalarm.

Die Welt war noch mal davongekommen. Die weiteren Ereignisse gaben ihm Recht, sowjetische Satelliten hatten natürliche Wetterphänomene als Raketenstarts missdeutet. Aufgrund der Geheimhaltung wurde dieser Vorfall erst 10 Jahre später der Weltöffentlichkeit bekannt. Auf die Frage, ob er ein Held sei, meinte er einmal in einem Interview: „Nein, ich bin kein Held. Ich habe einfach nur meinen Job richtig gemacht“.

3. Und eine Pseudoheldin – Greta Thunberg

„Doch das Adrenalin hält mich aufrecht, und ich kann ewig weitermachen. … Meine Freundin Kerstin ist mit Lina, einer Psychiaterin, befreundet und Lina und ich führen stundenlange Gespräche. … In Gretas Schule arbeitet eine Psychologin, die viel Erfahrung im Umgang mit Autismus besitzt. … In ihren Augen – und ganz im Vertrauen – zeige Greta sehr deutliche Merkmale des Autismus-Spektrums.

‚Asperger-Syndrom mit perfektionistischem Anspruch', sagt sie."

Originalzitat aus „Szenen aus dem Herzen", verfasst von der Familie von Greta Thunberg.

„Asperger-Syndrom mit perfektionistischem Anspruch", das geht schon deutlich in die Richtung der Kernproblematik des Autismus: Überragend im Detail, mit dem Großen und Ganzen völlig überfordert.

Als Neurologe und Psychiater, der Greta Thunberg nie begegnet ist, kann ich die Richtigkeit dieser Diagnose nicht beurteilen. Grundsätzlich sind Ferndiagnosen ethisch problematisch und niemandem ist damit gedient. Grundsätzlich gilt aber auch, dass Menschen mit psychischen Erkrankungen Großes vollbringen können.

Der Mathematiker John Forbes Nash (1928 – 2015) litt unter paranoider Schizophrenie, trug Bedeutsames zur Spieltheorie bei und erhielt den Nobelpreis.

Diesen bekam auch Ernest Hemingway (1899 – 1961), ein Schriftsteller mit schwerem Alkoholismus und Depressionen.

Auch von Winston Churchill (1874 – 1965) sind Depressionen bekannt. Zusammen mit den Alliierten besiegte er Hitler-Deutschland und gilt als einer der größten britischen Staatsmänner.

Vincent van Gogh (1853 – 1890) erkrankte wahrscheinlich an einer schizoaffektiven Psychose. Er war Mitbegründer des Impressionismus und seine Bilder erzielen auf Auktionen Höchstpreise.

Ingeborg Bachmann (1926 – 1973) litt unter Depressionen und Medikamentenabhängigkeit, gleichzeitig ist sie eine der größten deutschen Lyrikerinnen und nach ihr wurde der jährlich vergebene Buchpreis benannt.

Die gleichen Diagnosen sind bei Marilyn Monroe (1926-1962) unstrittig, sie hatte auf dem Höhepunkt ihrer Erkrankung die Angewohnheit, die Benzodiazepin-Tabletten anzustechen, damit der Wirkstoff schneller freigesetzt wurde.

Ingeborg Bachmann und Marilyn Monroe – so unterschiedlich diese Frauen waren, so waren sie doch auch Genies in ihrer jeweiligen Profession, ordneten sich als solche keinen Maßstäben unter, sondern setzten welche.

Diese kleine Auswahl genügt, um zu zeigen, dass psychische Erkrankungen und Lebensleistung in keinem Widerspruch stehen. Manchmal sogar im Gegenteil. Von Autisten weiß man, dass sie zum Teil über eine hohe mathematische Begabung verfügen und gut strukturiert arbeiten können. Manche Computerfirmen im Silicon Valley stellen deswegen bevorzugt Autisten ein. Das ist unter anderem ein Grund, warum es dort wesentlich mehr Autisten gibt als im US-amerikanischen Landesdurchschnitt.

Doch was ist überhaupt das Asperger-Syndrom? Dieses Syndrom gehört zu den tiefgreifenden Entwicklungsstörungen, die gekennzeichnet sind durch einen Beginn in der frühen Kindheit mit erheblichen Störungen in der wechselseitigen sozialen Interaktion und Kommunikation. Ungeschicktheit in der Koordination und stereotype Verhaltensmuster treten ebenfalls auf. Die Intelligenz ist in der Regel nicht beeinträchtigt, häufig werden ausgestanzte Sonderinteressen beobachtet bzw. die Fixierung auf ein ganz bestimmtes Thema. Menschen mit Asperger-Syndrom haben nicht das Vermögen sich in andere Menschen hineinzuversetzen oder Gesichtsausdrücke zu erkennen bzw. Emotionen richtig einzuschätzen. Dadurch kommt es im Gemeinschaftsleben immer wieder zu erheblichen Irritationen und Konflikten. In der Konsequenz befinden sich diese Menschen häufig in einer Außenseiterposition. Allein am Computer und mit einer ganz bestimmten Aufgabe befasst, kommen sie wesentlich besser zurecht. Das weiß auch das Silicon Valley.

Nun hat die Familie Thunberg über Greta das Buch „Szenen des Herzens“ geschrieben (s. o.). Darin wird beschrieben, dass Greta mit dem Klimaschutz ein Thema gefunden habe, durch welches sie dann ihre Depression überwinden konnte. Das kann sich durchaus so zugetragen haben. Dass eine sinnvolle Beschäftigung zur psychischen Stabilisierung wesentlich beiträgt, ist ein nahezu normalpsychologisches Phänomen. Die Arbeitstherapie hat einen festen Stellenwert in der Behandlung von psychischen Erkrankungen und Arbeitslosigkeit ist manchmal die soziologische Bezeichnung für Depression. Sollte Greta Thunberg an dem Asperger-Syndrom leiden, so ist es die Arbeit als solche bzw. ihr Engagement, das zu ihrer psychischen Genesung geführt hat. Nicht das Erhalten von Aufmerksamkeit. Die Gier nach Aufmerksamkeit ist der Spiritus Rector von Narzissten, Egomanen und Hysterikern. Autisten mögen keine Aufmerksamkeit.

Einzig die Jugendlichkeit führt bei Greta zu einem hohen Identifikationspotential.

Wenn die Eltern nun behaupten, nicht sie benutzten Greta, sondern Greta benutze sie, so kann dies nicht stimmen. Wer Menschen in einer freien Gesellschaft benutzen will, muss ihre Gefühle ansprechen, ihre Emotionen wecken, sie mitreißen. Aufgrund ihrer speziellen Symptomatik dürfte dies Greta Thunberg nicht möglich sein. Allenfalls könnte man sagen: Die Eltern lassen sich benutzen, indem sie Greta zuarbeiten, Reisen, Vorträge und Interviews für sie organisieren.

Warum sich jemand wie Greta als „Heilsbringer" eignet? Es hat wesentlich mehr etwas mit der Botschaft als mit der Person zu tun. Die Botschaft könnte auch eine feinfühlige, attraktive und psychologisch geschickte Schauspielerin ins Mikrofon sprechen, sie wäre genauso erfolgreich, wenn nicht noch ein wenig erfolgreicher. Einzig die Jugendlichkeit führt bei Greta zu einem hohen Identifikationspotential. Die „Friday for Future"-Bewegung ist auch eine Jugendbewegung, die Kontroverse um die richtigen Maßnahmen zur Klimarettung auch ein Generationenkonflikt. In der Person von Greta Thunberg sehe ich überhaupt kein Problem. Ein wenig problematischer ist ihre Anhängerschaft. Diese ist völlig kritiklos und weiß genau, dass die 0,038 % Kohlendioxyd in der Atmosphäre, von denen wiederum über 90 % nicht menschlichen Ursprungs sind, eindeutig für den Klimawandel verantwortlich sind, den es in früheren Epochen schon mehrfach gegeben hat. Nur zwei von vielen Argumenten, die in der öffentlichen Diskussion systematisch ausgeblendet werden. Die Aktivität der Sonnenflecken soll auch eine nicht zu unterschätzende Rolle spielen.

Doch dies zu thematisieren passt nicht zur CO^2-Doktrin. CO^2 runter und alles wird gut – einfache Botschaften waren schon immer das Faszinosum der Massen. Irgendwie ist das schon paradox: In fast schon inflationärem Ausmaß ist die Rede von der zunehmenden Komplexität der Welt und nun hat die Generation, die die Zukunft demnächst bestimmen wird, die Komplexitätsreduktion als Gebot der Stunde ausgerufen. Die CO^2-Hypothese passt zum Narrativ des für alle Übel des Planeten verantwortlichen Menschen wie der Schlüssel zum Schloss des Zeitgeistes. Natürlich hat der Mensch an vielen ökologischen Problemen die Schuld, aber nicht an allen. Der Erfolg von Greta Thunberg hat mit ihrer Person, ihrer Persönlichkeit oder gar ihrer psychischen Erkrankung nichts zu tun.

Nun hat die Generation, die die Zukunft demnächst bestimmen wird, die Komplexitätsreduktion als Gebot der Stunde ausgerufen.

Oder böse spekuliert: Früher wurden die Massen durch intellektuellen Scharfsinn, rhetorisches Talent oder charismatische Persönlichkeiten bewegt. Heute reicht schon eine 16-Jährige mit zwei roten Zöpfen und einer einfachen Botschaft.

Wie eine Welt aussieht in der Anti-Helden und Pseudohelden die Führung übernommen haben, zeigt der Film „Demolition Man“ mit Sylvester Stallone und Wesley Snipes. Die Handlung beginnt 1996 in Los Angeles. Dort hat der Gewaltverbrecher Phoenix alias Wesley Snipes Geiseln genommen und sich verbarrikadiert. Der Polizist Spartan alias Sylvester Stallone will diesen Verbrecher dingfest machen, koste es was es wolle. Dies schafft er, aber alle Geiseln werden getötet. Beide,

Polizist und Verbrecher, werden verurteilt und verbringen ihre Haft in einem „kryogenischen" Gefängnis, was nichts anderes bedeutet als eingefroren im Kälteschlaf. Dann springt der Film in das Jahr 2032. In dieser Welt ist der erhobene Zeigefinger der Moral der Taktgeber einer blutleeren und aseptischen Gesellschaft. Es gibt keine Schimpfworte, keine Umweltverschmutzung, keine Arbeitslosigkeit, keinen Sex, von Kriminalität ganz zu schweigen. Zwecks Resozialisierung wird Phoenix aufgetaut und kann entkommen, dabei tötet er mehrere Menschen und begeht die ersten Morde seit 2010. Eine zahlenmäßig haushoch überlegene Polizeistaffel, ausgerüstet mit Schutzbrillen, Helmen, Funkgerät und Schlagstöcken, stellt ihn an einer Telefonsäule. Die Festnahme scheitert. Vor jedem Zugriff, jeder körperlichen Auseinandersetzung oder einem Faustschlag nimmt jeder einzelne Polizist mit der Kommandozentrale Kontakt auf, um abzustimmen, ob sein Vorgehen korrekt ist und ob er auch ja alles richtig macht. Der Verbrecher amüsiert sich köstlich, schlägt die Staffel nebenbei zusammen und flieht mit einem Auto. Die moralingetränkte moderne Welt hat ihm nichts entgegenzusetzen. Schließlich bleibt ihr nichts anderes übrig, als den unreflektierten und martialischen Cop alias Sylvester Stallone aufzutauen. Der regelt das und erledigt den Verbrecher.

„Demolition Man" zeigt eine ängstliche, areligiöse und sich in Absicherungsschleifen verheddernde postheroische Welt, die mit archaischer Gewalt völlig überfordert ist. Manchmal hat man den Eindruck, dass auch die deutsche Polizei so ganz allmählich in Richtung „Demolition Man"-Strategien bewegt. Oder von der Politik genötigt wird, sich dahin zu bewegen. So wird auf Deeskalation gesetzt, statt das Gewaltmonopol des Staates durchzusetzen. Moscheen werden bei einer Razzia mit Socken betreten, um Kultursensibilität zu zeigen. Der Hambacher Forst wird von Demonstranten nicht konsequent geräumt, er scheint den Besetzern zu gehören, nicht mehr den im Grundbuch eingetragenen Besitzern. Von den Leitideologien, die zu solch wehrlosen Gesellschaften führen, handelt das vorliegende Buch.

4. Was ist Heroismus?

„... in dieser unmittelbaren Nähe am Feind lag (...) auch sein Untergang (...). Heißer Dunst stieg von der Waffe auf. (...) das Feuer war gezielt.

Ich starrte gebannt auf das heiße, vibrierende Stück Eisen, das den Tod aussäte (...) Dann schoss ich durch das Tuch. Ein Mann, (...) warf eine Handgranate (...) Ein Stoß und die entquellende weißliche Wolke verrieten die Wirkung. (...) Wir rannten an der Böschung entlang, um die nächsten Luken in der gleichen Art zu bearbeiten (...) Zum ersten Mal im Krieg sah ich Massen aufeinanderprallen. Die Engländer hielten auf der hinteren Böschung zwei terrassenartig eingehauene Gräben besetzt. Geschosse wurden auf wenigen Metern gewechselt, Handgranaten flogen vom Bogen hinab."

Der oben zitierte Text stammt aus „In Stahlgewittern" von Ernst Jünger (1895-1998) der auf der Basis seiner Tagebuchnotizen des Ersten Weltkrieges sein erstes Buch schrieb. Darin spielen politische Ursachen keine Rolle. Der Krieg wird als Elementarereignis begriffen, wie eine Naturkatastrophe, die man irgendwie zu bewältigen hat. Das spiegelt sich schon im metaphorischen Titel wider. Jünger war an der Westfront in Frankreich eingesetzt und beschreibt die Materialschlachten, in der Menschen nur noch als Kanonenfutter dienten, in der ganzen Brutalität von Verletzungen, Verwundungen und

Verkrüppelungen. Eine klare Verurteilung des Krieges findet sich nicht, an manchen Stellen des Textes entsteht sogar der Eindruck, als berausche sich der Autor an Tod und Vernichtung. An Empathie ist nicht zu denken. Der Kampf um des Kampfes Willen ist für Jünger ein Faszinosum. Ist er ein Held? Pazifisten würden dies rückhaltlos verneinen, viele seiner Zeitgenossen rückhaltlos bejahen. Es ist Krieg und Jünger tötet Menschen. Für uns Heutige ganz sicher nichts Heldenhaftes. Andererseits rettet er Kameraden unter Einsatz seines Lebens, das ist schon eher heldenhaft. An der Figur Ernst Jünger wird klar, dass bei der Definition Held auch Zeitgeistströmungen eine mehr oder minder große Rolle spielen. Was heute als heldenhaft gilt, kann schon morgen sehr kritisch gesehen werden. Doch Zeit und historischer Kontext relativieren nicht alles. Selbstlose Rettung von Menschenleben – einfach heldenhaft.

„(...) Die Krankenhausausbildung war sehr anstrengend mit Diensten in jeder zweiten Nacht oder an jedem zweiten Wochenende. Die Zahl der Patienten war riesig. Viele von ihnen lagen im Sterben. (...) Ich hatte kaum Gelegenheit, über meinen fatalen Irrtum nachzugrübeln oder mich von ihm überwältigen zu lassen.

(...) Ich war sprachlos (...) Zu jener Zeit bestand meine einzige schriftstellerische Erfahrung in dem zweimonatigen Kampf, den ich geführt hatte, um den vierseitigen Bericht über Digitalis und Kalium zu vollenden.

Ich arbeitete ohne Schlaf rund um die Uhr. Da ich nicht tippen konnte, schrieb ich wiederholt zahlreiche Entwürfe des 15-seitigen Artikels mit der Hand.“

So der weltberühmte Arzt und Friedensnobelpreisträger Bernard Lown (geb. 1921) in seiner autobiographischen Erzählung „Die verlorene Kunst des Heilens“. Auch wenn er während seiner ärztlichen Tätigkeit nicht um sein Leben fürchten muss, auch wenn sein Arbeitsalltag zu den heutigen Vorstellungen von der Work-Life-Balance irgendwie nicht so ganz passt, für den überwiegenden Teil der Leser bietet Bernard Lown ein deutlich größeres Identifikationspotenzial als Ernst Jünger. Schon allein die Tatsache, dass Ernst Jünger nicht nur Soldat, sondern überzeugter Soldat war, macht ihn uns zumindest suspekt, wenn nicht hochverdächtig für einen faschistoiden Killertypus.

Schon allein die Tatsache, dass Bernard Lown engagierter Arzt ist, macht ihn in einer Epoche der Medikalisierung zu einem Helden in embryonaler Form, der bei großer Beliebtheit und außerordentlichem Erfolg zum richtigen Helden heranwachsen kann. Jünger und Lown, der eine Held in der militaristischen, der andere Held in der medikalisierten Epoche, sind Figuren, wie sie gegensätzlicher kaum sein könnten. Doch beide durchbrechen die Zirkel der Selbstfürsorge.

Eine Epoche ohne Helden ist seelenlos und leidet an chronischer Depression. Kaum steht einer auf und fasst das in Worte, was in der Luft liegt, kommt allmählich Leben in solche Epochen. Helden und Einzelne, die die Dinge beim Namen nennen. Doch auf der sprachlichen Ebene bleibt es nicht, sie handeln auch danach. Ohne Helden wäre die Geschichte langweilig. Irgendwie hat jeder das Zeug zum Helden, doch nur die wenigsten leben das auch aus. Dabei stehen sie auf, so wie Luther gegen die katholische Kirche aufstand. Für die Geschichte des Protestantismus war er so unerlässlich wie Stauffenberg für den deutschen Widerstand. Eine ganze Epoche kann sich in einem Menschen manifestieren. Dieser ist dann die Essenz seines Zeitalters.

Eine Epoche ohne Helden ist seelenlos und leidet an chronischer Depression.

Helden wirken aber als Vorbilder auch auf das Zeitalter zurück, bekämpfen Krankheiten, machen Erfindungen, retten Menschen in Kriegen, bei Naturkatastrophen oder im ganz normalen Alltag. Und doch ist der Held immer ein wenig aus der Zeit gefallen, ein zeitloses Individuum, das sich selbst überschreitet, Brücke zu Mitmenschen baut. Sich phasenweise selbst vergisst, besessen ist und manchmal auf Konventionen pfeift. Der Held widmet sich mutig ganz einer ehrenvollen Idee oder anderen Menschen. Aufmerksamkeit bekommt er maximal, tatsächlich ist sie ihm völlig egal.

5. Was ist Postheroismus?

Freud war kein Kuscheltherapeut. Er sagte wenig zu seinen Patienten und schlief bei Analysen nicht selten ein. Simulanten hatten bei ihm keine Chance. Wer attestiert haben wollte, dass er zum Wehrdienst untauglich sei, war bei ihm an der denkbar schlechtesten Adresse. Diesen jungen Männern empfahl er die Solidarität mit dem gesamten Volke, auch und gerade im Kriegsdienst, dieser werde ihnen guttun. Auch er selbst sei mit seiner „Ganze[n] Libido" bei Österreich-Ungarn (bei Ausbruch des Ersten Weltkriegs). Trotz damals radikaler Gedankengänge über die Macht des Unterbewusstseins war Freud in diesem Punkt ganz ein Kind seiner Zeit. Im 18. und 19. Jahrhundert war in weiten Teilen der Gesellschaft in Europa noch der Gedanke der Ekpyrosis verbreitet. Das aus dem Griechischen stammende Wort bedeutet wörtlich übersetzt „Ausbrennen". Die Gesellschaft sollte durch einen Krieg, indem sich die Tapferen und Mutigen beweisen, von Zeit zu Zeit von den minderwertigen und schwachen Existenzen gereinigt werden. Das sei gesund. Pazifismus gab es erst im Ansatz. Nachhaltig gestärkt in dieser Auffassung wurde Deutschland durch den raschen und relativ verlustarmen Sieg im Deutsch-französischen Krieg 1870/71. Fast viereinhalb Jahrzehnte sollte die nachfolgende Friedensperiode in Europa andauern, an deren Ende der Wettlauf der Kolonialmächte zu einem neuen Krieg führte. Der Erste Weltkrieg, die Urkatastrophe Europas. Diesen hatte man sich so nicht vorgestellt, vielleicht auch nicht vorstellen wollen. Maschinengewehre, Giftgas, Panzer, U-Boote – flächendeckend eingesetzt, wurden die Verluste an Soldaten so hoch, dass in Freud schon im ersten Kriegswinter 1914 Selbstzweifel aufkamen und er im Frühjahr 1915 im Aufsatz „Zeitgemäßes über Krieg und Tod" schrieb: „[Dieser Krieg] wirft nieder, was ihm im Wege steht, in blinder Wut, als sollte es keine Zukunft, keinen Frieden unter den Menschen nach ihm geben". Der Traum vom „sittlichen" Kampf Mann gegen Mann, wie ihn einst die Ritter des Mittelalters glorifizierten, war endgültig ausgeträumt. Nach Ende des Ersten Weltkrieges waren die europäischen Völker postheroisch. Die in Paris lebende amerikanische Schriftstellerin Gertrude Stein (1874-1946) prägte den Begriff der „Lost Generation" für die Schriftsteller, die das Erlebnis des Ersten Weltkrieges pessimistisch gestimmt und desillusioniert hatte. So Erich Maria Remarque (1898-1970), dessen Welterfolg „Im Westen nichts Neues" nicht nur das Tabu vom Heldentod brach, sondern auch eine schonungslose Abrechnung mit Autorität und Kadavergehorsam war. Von den Nationalsozialisten wurde sein Buch wegen „Verrats am Soldaten" verboten.

Heroismus per se zu brandmarken, wird der Wirklichkeit nicht gerecht.

Neben Italien war auch Deutschland ein Land, in dem nach dem Ersten Weltkrieg eine Re-Heroisierung gelang. Weite Teile der Bevölkerung waren nicht in der

Lage, sich der Demagogie Mussolinis und Hitlers zu entziehen. Dass die Siegermächte Deutschland die alleinige Kriegsschuld gaben, erzeugte in der Bevölkerung eine große Wut auf diese und die eigenen Politiker, die diese Schuldzuschreibung abnickten. Durch sein rhetorisches Talent war es für Hitler ein Leichtes, dieses Wutpotenzial für die Re-Heroisierung „seiner" Deutschen zu nutzen. Gut zwei Jahrzehnte später führte er im Zweiten Weltkrieg nicht nur Deutschland, sondern die gesamte Welt an den Rand des Abgrundes. Nach 1945 begann dann nicht nur das Ende des Kolonialismus, gleichzeitig war es der Anfang für einen Siegeszug des Postheroismus in der westlichen Welt. Bei 65 Millionen Toten, Holocaust und Abwurf von zwei Atombomben war anderes als Postheroismus nur wenig vorstellbar. Im Gegensatz dazu ist Heroismus nicht die alleinige Ursache für Krieg und Völkermord. Genauso wie Dynamit im Bergbau und im Krieg eingesetzt werden kann, so können auch Heroismus und seine Voraussetzungen Opferbereitschaft und Leidensfähigkeit sowohl für Humanität als auch für Verbrechen eingesetzt werden. Heroismus per se zu brandmarken, wird der Wirklichkeit nicht gerecht. Denn selbstverständlich treten Helden auch außerhalb von Krieg und militärischen Operationen auf. Wer unter Einsatz des eigenen Lebens wehrlose Mitmenschen rettet, wird auch in der Zivilgesellschaft zum Helden. Doch die Bereitschaft hierfür, wenn es nicht gerade die eigenen Kinder oder der Lebenspartner sind, befindet sich schon seit geraumer Zeit im Sinkflug. Mächtig im Auftrieb ist hingegen die materialistisch grundierte Abschaffung der Transzendenz, des Religiösen. Sie ist mit der Spaß- und Kichergesellschaft nicht so ganz kompatibel. Weitere natürliche Feinde des Heroismus' sind:

- das in den Wohlfahrtsstaaten zunehmend etablierte Nanny- und Nudging-System, eine paternalistische Manipulation, die den Bürger möglichst oft ans Händchen nimmt, statt ihn selbst mit seinen Händen tatkräftig zupacken zu lassen.
- Teile der Psychologie, die Achtsamkeit, Geduld und Sensibilität als ethische Höchstleistungen erscheinen lassen und Diagnosen wie Burn-out, Posttraumatische Belastungsstörung und demnächst wahrscheinlich auch Hochsensibilität kreieren, die rasch Kandidaten für Leistungsverweigerungsdiagnosen werden.
- die Feminisierung der Gesellschaft, in der die Verbalisierung von Emotionen zum guten Ton gehört und dadurch die Sachebene oft in Gefahr ist, ins Sekundäre abzudriften. Der vormals als gefühlskrüppelig beschriebene Mann wird zum Auslaufmodell der Evolution und erfindet sich neu zur Mimose, während die Frau dem überwundenen Mann nacheifert und sich zur Business-Managerin mit Herzinfarkt und anderen Symptomen entwickelt.

6. Heroismus und Masochismus – ein Widerspruch?

Grundsätzlich ja. Dennoch gibt es Parallelen bzw. Schnittmengen. Das Erdulden von Leid und Entbehrungen haben sicherlich beide gemeinsam. Ebenso das sich Aufopfern. Was Held und Masochist aber antreibt, in der Essenz, im Innersten ihres Wesens, da sind beide grundsätzlich anders. Während der Masochist meist unbewusst, aber manchmal auch ganz bewusst, sich mit seinem strengen Über-Ich Autoritäten „unterordnet", geht es dem Helden um andere Menschen oder um das höhere Ideal. Bei dem Manager, der sich im Studio auspeitschen lässt, ist der Masochist leicht zu erkennen. Bei einem engagierten Mitarbeiter einer Firma, der sich für nichts zu schade ist und eine Überstunde nach der anderen ableistet, wird´s schon schwieriger. Deutlich leichter wird es wieder beim Namensgeber des Masochismus.

Leopold Ritter von Sacher-Masoch (1836-1895) war Sohn eines Polizeidirektors. Eigene Sehnsüchte für die Verbrechensbekämpfung sind von ihm nicht überliefert. Stattdessen studierte er Jura, Mathematik und Geschichte und erhielt für letzteres Fach einen Lehrauftrag an der Universität Graz. Doch seine eigentliche Leidenschaft galt der Schriftstellerei, wegen der er 1870 seine Dozententätigkeit aufgab. Er konnte es sich erlauben, denn seine Romane und Novellen waren beliebt und verkauften sich gut. Berühmt wurde er durch die ästhetische Darstellung der zugleich schmerzhaften als auch lustvollen Unterwerfung in der Beziehung zu Frauen. Nicht nur physisch, sondern auch psychisch wird die Liebe zur Frau als schmerzhaft empfunden und eine dauerhaft glückliche Beziehung unmöglich. Sacher-Masoch leidet und gleichzeitig auch wieder nicht. Er ist wie er ist und kann sich diesem triebhaften schmerz- und lustvollen Verhalten nicht entziehen. Seine Zeitgenossen Henrik Ibsen, Victor Hugo und Émile Zola bewunderten sein schriftstellerisches Talent. Sacher-Masoch wird heute kaum noch gelesen, die anderen sehr wohl. Doch das sexuelle Qualvergnügen hat sich durch seinen Namen verewigt: Masochismus. Die rein sexuelle Variante spielt in der psychiatrischen Sprechstunde so gut wie keine Rolle. Auf gesellschaftlicher Ebene hat der Masochismus im übertragenen Sinne schon eine größere Bedeutung. Menschen mit masochistischer Persönlichkeit richten bewusst ihr Leben so aus, dass sie Belastungen und Schicksalsschläge förmlich sammeln. Auch Verpflichtungen kann es nie genug geben. Genussvolle Entspannung ist etwas für andere und aufopfernde Fürsorge das höchste Glück. Kurz gesagt: Sich zu opfern und Schmerzen zu haben ist der höchste Sinn des Dasein. Dahinter steht wahrscheinlich ein unbewusstes Schuldgefühl bzw. ein Bedürfnis nach

Für die Linke ist die Bewältigung der Migrationswellen eine Art heroischer Akt, für den überwiegenden Teil der Rechten ein masochistischer.

Strafe. So die tiefenpsychologische Interpretation. Für so manch religiös Überzeugten ist diese Form der Selbstaufgabe die Erfüllung der menschlichen Existenz. Für die meisten Mediziner und Psychologen ist dies schlichtweg pathologisch. Wie immer man es sehen und deuten mag, es sind in aller Regel individuelle Variationen des menschlichen Daseins, die gesamtgesellschaftlich kein Problem darstellen.

Verordneter Masochismus für zumindest einen Teil der Gesellschaft ist schon eher problematisch. Beispiel Deutschland. Im Juli 2015 wurde die Kanzlerin Angela Merkel vor laufenden Kameras mit dem Schicksal eines weinenden Mädchens aus dem Libanon konfrontiert. Die Kanzlerin sagte schlussendlich, Politik sei „manchmal auch hart“ und zu dem weinenden Mädchen, dass Deutschland nicht in der Lage sei zu rufen: „Ihr könnt alle kommen“. Von einer Lehrerin kam dann noch der Vorwurf, dass man so nicht mit einem kleinen Mädchen umgehen könne. Das Schicksal dieses jungen Menschen ließ kaum jemand unberührt, sicherlich auch die Kanzlerin nicht, die bis dahin als analytisch denkende kühle Physikerin wahrgenommen wurde. Doch rationale Menschen sollen im Kern sentimental sein. Psychologisierenden Journalisten zufolge soll die Konfrontation einer der mächtigsten Frauen der Welt mit einem orientalischen Mädchen das Schlüsselszenario für die Ereignisse ab September 2015 gewesen sein. Angeblich soll die Pfarrerstochter mit einem Trauma aus ihrer Kindheit konfrontiert worden sein. Eigene verhärtete Charakterzüge soll sie reflektiert haben. Eine masochistische Überkompensation soll stattgefunden haben. Spekulationen über Spekulationen, die aber nicht automatisch falsch sein müssen. Fakt ist, und da sind sich Augenzeugen, Journalisten und Historiker einig, dass die Grenzöffnung am 4. September 2015 von ihr angeordnet wurde. Sicher wurde mit Verweis auf vorherige Beratungen und Abstimmungen versucht, dies zu relativieren. Die letzte Direktive ging aber von ihr aus. Fakt ist auch, dass sie persönlich von den Konsequenzen ihrer Entscheidung nie betroffen sein wird.

Der von oben verordnete Masochismus trifft in erster Linie die Menschen, die in prekären sozialen Verhältnissen leben und arbeiten und damit konfrontiert werden, dass Menschen aus anderen Kulturkreisen, die nie etwas in das hiesige Sozialsystem einbezahlt haben, privilegierter behandelt werden als sie selbst. Oder die Menschen, die als Lehrer in sozialen Brennpunkten einen rasch gestiegenen Ausländeranteil von nur schwer zu integrierenden Kindern und Jugendlichen zu bewältigen haben. Oder die Menschen der Kommunen, die sich in der Flüchtlingshilfe vor Ort aufreiben. Mit all den Erlebnissen dieser Menschen in dieser Dauer und Intensität wird sich die Entscheidungsträgerin nie auseinandersetzen müssen.

Die Migrationswellen bleiben nicht auf Deutschland beschränkt. Sie sind die Herausforderungen für ganz Europa. Für den überwiegenden Teil der Linke ist die Bewältigung dieser Herausforderung eine Art heroischer Akt, für den überwiegenden Teil der Rechten ein masochistischer. Unabhängig von dieser Lagerzuordnung empfinden viele Europäer ein Verpflichtungsgefühl, da die bösen europäischen Imperialisten in der 500-jährigen Vergangenheit das Elend der orientalischen und afrikanischen Staaten zu einem guten Teil verursacht haben. Doch das ist zu kurz gedacht. Ein halbes Jahrhundert nach Ende des Kolonialismus sind viele Probleme in den Entwicklungs- und Schwellenländern hausgemacht, beispielsweise durch tribalistische Politik und Korruption so wie in Afrika. Es ist übrigens der Kontinent mit dem raschesten Anstieg an Millionären. Prinzipiell wäre also genügend Geld vorhanden.

Das Mitgefühl der afrikanischen Geldelite mit den eignen Landsleuten hält sich offensichtlich in Grenzen. Auch entsteht die groteske Situation, dass sich diejenigen, die nichts verbrochen haben, sich bei denjenigen entschuldigen, die Nachfahren der tatsächlichen Opfer des Kolonialismus sind. Wenn das nicht Masochismus ist. Nur für Sozialutopisten wird daraus etwas Heroisches.

7. Der Nanny-Staat

Zwischen 2004 und 2011 strahlte der Sender RTL in 145 Folgen die Serie „Die Super-Nanny“ aus. Die auch im realen Leben als Sozialpädagogin tätige Katharina Saalfrank stand Eltern mit schwierigen Kindern mit Rat und Tat zur Seite. Als schwierig galt ein unangepasstes Verhalten jeglicher Couleur, vorlaut, aggressiv, lethargisch, ständig quengelnd, egoistisch, lärmend, hyperaktiv – die Bandbreite war groß. Die Kritik an der Sendung war ebenfalls nicht gerade gering, so wurde es beispielsweise als problematisch gesehen, dass unangepasstes Verhalten per se als behandlungsbedürftig galt. Für die spätere Wortschöpfung „Nanny-Staat“ war es jedoch nicht entscheidend, welches Verhalten von Kindern, aber auch von ihren Eltern, gezeigt wurde, oder ob das Eingreifen der Sozialpädagogin angemessen oder nicht angemessen war. Der entscheidende Punkt war, dass ab einem bestimmten Ausmaß von Lebensschwierigkeit Hilfe von außen unverzichtbar ist. Wobei „ab einem bestimmten Ausmaß“ im Auge des Betrachters liegt. Jedenfalls gibt es bei den meisten Lebensschwierigkeiten kein objektives Kriterium, wann Hilfe von außen erforderlich sein soll. So wie bei der Super-Nanny im Kleinen, in der Familie, so auch bei der Super-Nanny im Großen, im Staat. Durch die Vagheit der Definition Lebensschwierigkeit ist der Staat nun in der Lage, Hilfe bei allen möglichen Problemen anzubieten. So beispielsweise beim Überqueren einer Straße. Das kann eine knifflige Angelegenheit werden, besonders in Düsseldorf, wo die Fußgängerampel nicht nur eine Rot- und Grün- sondern auch eine Gelbphase hat. Dies ist zwar schon seit über 50 Jahren so, aber auch an die jüngeren Einwohner oder Besucher der Stadt muss gedacht werden. So intensiv, dass die Stadtverwaltung auf acht Seiten mit Schautafeln erklärt, wie man´s richtig macht: „Die Ampel springt auf Grün, der ideale Zeitpunkt für alle Fußgänger, jetzt loszugehen". Fast könnte man meinen, das sei eine Realsatire. Irgendwie ist es das ja auch, aber andererseits auch bitterer Ernst, von dem nicht nur die Einwohner Düsseldorfs betroffen sind. Überall versucht der Staat, den Bürgern das selbständige Denken und die Eigenverantwortlichkeit abzunehmen. Der ehemalige Verkehrsminister Peter Ramsauer spielte schon mit dem Gedanken, eine Helmpflicht für Radfahrer einzuführen, ein Expertengremium empfahl eine Steuer auf gesättigte Fettsäuren, damit die Bürger statt Fleisch Gemüse essen, auf bayerischen Ausflugsdampfern ist das Rauchen unter freiem Himmel verboten, vom Veggi-Day der Grünen Ethikweltmeister ganz zu schweigen. Die Maxime des Aufklärungsphilosophen Immanuel Kant (1724-1804) „Aufklärung ist der Ausgang des Menschen aus seiner selbstverschuldeten Unmündigkeit" ist transformiert worden zu „sich leiten

Jedenfalls gibt es bei den meisten Lebensschwierigkeiten kein objektives Kriterium, wann Hilfe von außen erforderlich sein soll.

und einlullen lassen ist der Königsweg zur Merkelokratie". Der Bürger als betreuungsbedürftiger Volltrottel. Packt der Staat ihn gar in Watte ein? Zumindest wird der Teil der Bürger, den der Staat zumeist finanziell oder durch Steuervergünstigungen fördert, stetig größer. Ein Ende ist nicht abzusehen. Je nach sozialpolitischer Stimmung, Eigenart des Daseins, tatsächlicher oder gefühlter Behandlungsbedürftigkeit werden derzeit folgende Bürger für förderungswürdig gehalten bzw. stehen kurz davor es zu werden: Alkoholkonsumenten, Alleinerziehende, Allergiker, zu Dicke, zu Dünne, Erschöpfte, sexuell Desorientierte, Sex- und Glücksspielsüchtige, zu Große, zu Kleine, nicht erkannte Hochbegabte, zu gut Hörende, zu schlecht Hörende, Impulskontrollgestörte, unerwünscht Kinderlose, Laktoseintolerante, Lernbehinderte, Väter mit abgesprochenem Sorgerecht, Medizingeschädigte, Gemobbte, tatsächlich oder geglaubt, ganz egal, Hauptsache authentisch, Opfer, Persönlichkeitsgestörte, Angehörige psychisch Kranker, Naturschützer, Denkmalschützer, Bienenzüchter, Hausbauer, Migranten, Filmschaffende, Besitzer von herausragenden Sportstätten, Auszubildende, Studenten, Verwitwete, Arbeitslose, Dumme. Wer nicht zu einem förderungswürdigen Personenkreis gehört, muss irgendetwas falsch gemacht haben.

Angefangen hatte der Sozialstaat mit der Bekämpfung existenzieller Notlagen, nun scheint die Generalkompensation auch der merkwürdigsten Lebensformen und jeglicher Schicksale das irre Ziel zu sein. Doch es geht nicht nur um finanzielle und materielle Entschädigung oder Gesundheitsfürsorge. Seit geraumer Zeit versucht der Staat seine Bürger von der Wahrheit abzuschirmen, im Umkehrschluss natürlich auch, sich selbst vor dem informierten Bürger zu schützen. Schon Bismarck formulierte, dass der Bürger nicht wissen dürfe, wie Würste und Gesetze gemacht werden. Churchill meinte, dass die Wahrheit ein so kostbares Gut sei, dass sie durch einen Wall von Lügen geschützt werden müsse. Zwei der heutigen Wälle heißen Inklusion und Quotenregelung. Inklusion, das gleichzeitige Unterrichten von Behinderten, insbesondere geistig Behinderten und nicht Behinderten, ist zunächst einmal gut gemeint, stößt in der Praxis jedoch auf mannigfaltige Hindernisse (z. B. zu wenige und zu wenig ausgebildete Lehrer), auf die hier nicht näher eingegangen werden kann. Entscheidend ist die Utopie, dass es Behinderung als solche nicht mehr geben soll. Das geht schon klar aus der Wortschöpfung „Menschen mit besonderen Eigenschaften" hervor. Viele betroffene Eltern möchten dies gerne glauben, der Staat serviert es ihnen. Genauso die Quotenregelungen, die idealen Weichmacher des Leistungsprinzips. Anstelle der Qualifikation über Wissen und Erfahrung, gibt

Quotenregelungen, die idealen Weichmacher des Leistungsprinzips.

es nun die frech grinsenden Quotenregelungen, durch die Karriere durch Leistung zur Lüge wird.

Quote und Inklusion sind beliebte Lügenprinzessinnen des Staates, um seine Bürger vor der Wahrheit zu schützen. Gleichzeitig gibt es die Gesamtabfederung durch staatliche Fördermittel. Deutschland – früher das Land der Dichter und Denker, zwischen 33 und 45 der Richter und Henker, so soll es heute das der Schlichter und Schenker sein. Könnte zutreffen. Ganz sicher ist es das Land der Betreuer und Betreuten, der Therapeuten und Therapierten sowie der Trauernden und Trauerkümmerer. In der sozialpädagogischen Förderrepublik Deutschland wollen Helden einfach nicht mehr nachwachsen. Mimosen sprießen aus allen Ecken hervor, ebenso wie Achtsamkeits- und Empfindlichkeitsartisten.

8. Die Posttraumatische Belastungsstörung, oder: Wie Kultur krank machen kann

Was Krieg im Industriezeitalter heißt, hätte man sich nach den Erfahrungen des russisch-japanischen Krieges 1904/05 durchaus vorstellen können, denn Militärbeobachter aus Europa bekamen vorgeführt, wie eine technologisch überlegene japanische Armee eine viel größere russische Armee in relativ kurzer Zeit besiegte. Wie ein einziger Maschinengewehrschütze Hunderte feindliche Soldaten aus gesicherter Stellung abschießen konnte, war nur eine von vielen Grausamkeiten, die Soldaten in Europa vor dem Ersten Weltkrieg (1914-1918) nicht erfahren hatten. Hinzu kamen Giftgasangriffe, Panzer- und Materialschlachten. Doch nicht nur die Technik des Krieges war neu, neu waren auch die entstellenden Körper- und Gesichtsverletzungen. In manchen Spitälern wurden die Spiegel abgehängt, um die Soldaten zu schonen. Auch auf psychiatrischem Fachgebiet wurden neue Symptome beobachtet. Besonders nach stundenlangem Granatfeuer kam es zu langdauerndem Zittern der Arme und Beine oder des gesamten Körpers. Oft neigte diese Symptomatik zu Chronifizierung und bildete sich auch nach Rückkehr in die Heimat nicht zurück. An eine psychologische Ursache dachten die damaligen Mediziner und Psychiater noch nicht. Gemäß dem Zeitgeist war man auf eine organische Ursache fixiert und spekulierte lieber über Hirnschädigungen durch abnorme Druckentwicklungen, auch wenn es dafür keine plausiblen Hinweise gab. In der Zeit zwischen den Weltkriegen verlor man das Interesse an psychischen Folgen nach Extremerfahrungen. Nach dem Zweiten Weltkrieg flackert dies jedoch wieder auf. So kam es in Deutschland im Rahmen des Bundesentschädigungsgesetzes in den 50er Jahren zur Begutachtung von KZ-Insassen, bei denen schwere Persönlichkeitsveränderungen im Sinne chronischer Depressionen nachgewiesen werden konnten. Ein Novum in der psychiatrischen Forschung, denn bislang war man davon überzeugt, dass dies nur durch organische Hirnschädigungen oder schwere psychische Erkrankungen, wie beispielsweise eine Schizophrenie, möglich sein. Die Kausalität dieser deutlichen Persönlichkeitsveränderung durch Haft und Folter im Dritten Reich wurde ab 1965 von deutschen Gerichten anerkannt. Auch in den USA wurde durch den Vietnamkrieg (1964-1975) erreicht, dass ein öffentliches Bewusstsein für Kriegsfolgeschäden entstand. Durch medizinische Erkenntnisse, aber noch mehr durch politischen Druck von Vietnamveteranen wurde die Posttraumatische Belastungsstörung (PTBS) 1980 als Erkrankung offiziell anerkannt. Die Symptomatik wurde so definiert, dass sie in der Folge eines äußerst schweren Erlebnisses auftritt, welches beinahe bei jedem Menschen zu einer tiefen Verstörung führen würde. Es handelt sich hierbei beispielsweise um Naturkatastrophen, Kriegserlebnisse, Bedrohung, Zeuge von Folterungen anderer Menschen, Zeuge eines gewaltsamen Todes, etc.

Nach einer Latenzzeit von einigen Wochen bis zu mehreren Monaten kommt es dann zu einem andauernden Gefühl des Betäubtseins, der Gleichgültigkeit sowie der Unfähigkeit, Freude zu empfinden. Die allgemeine Belastbarkeit ist deutlich herabgesetzt und es treten auch depressive Verstimmungen auf. Die betreffenden Personen erleben dann auch immer wieder bildhafte, vor ihnen aufsteigende Szenen des traumatisierenden Erlebnisses, sogenannte Flashbacks. Diese können sowohl tagsüber als auch nachts im Rahmen von Träumen auftreten.

Seit dem Golfkrieg (1990-1991), spätestens nach den Terroranschlägen am 11. September 2001, kam es zu einer Publikationsexplosion von Artikeln, Zeitschriften und Büchern mit dem Thema Psychotraumatologie. Nicht nur auf psychotraumatologischen, sondern auch auf allgemeinpsychiatrischen Fortbildungen ächzten die Tische unter der Last Hunderter Bücher, die nur noch das Thema Psychotrauma kannten. Die Etablierung eines neuen Krankheitsbildes war eng verwoben mit einer inflationären Ausweitung dessen, was eine Posttraumatische Belastungsstörung verursachen kann. Ebenso weit gefasst waren die Personen und Berufsgruppen, die für dieses Krankheitsbild anfällig waren. Schlägt man ein über 800-seitiges Standardwerk für Psychotraumatologie auf, wird einem schon nach wenigen Seiten klar, dass man in seinem bisherigen Leben ein unsensibler Schlimmling gewesen sein muss, der für die zahlreichen psychischen Verletzungen seiner Patienten keine Antenne hatte. Neben Kriegserlebnissen, Folter und Naturkatastrophen konnten nun traumatisierend sein: Auffahrunfall, Banküberfall, Gewalt am Arbeitsplatz, auch wenn nur laut geschimpft wurde, Eisenbahnunfälle, Tod nahestehender Personen, schwere Erkrankung nahestehender Personen, Pflege von Angehörigen, Überfälle, selbstverständlich ohne gravierende Verletzungen, Erwerbslosigkeit, Mobbing, Traumatherapie, denn da kann es zu einer Re-Traumatisierung kommen, Leben mit einem Problemtrinker, Schwangerschaft im Jugendalter, Migration, vom Stuhl fallen. Tatsächlich wurde bei einer Lehrerin eine Posttraumatische Belastungsstörung diagnostiziert, inklusive jahrelanger Krankschreibung, die auf einem Stuhl zusammenbrach, den Schüler angesägt hatten. Der Grenzbereich zur Realsatire wurde nicht nur einmal überschritten. Logisch, dass Lehrer ein erhöhtes Risiko haben, eine Posttraumatische Belastungsstörung zu entwickeln. Weitere Berufsgruppen mit einem erhöhten Risiko sind: Feuerwehr, Rettungssanitäter, Polizei, Richter, Rechtsanwälte, Journalisten, Ärzte, Mitarbeiter humanitärer Organisationen, Seelsorger. Nicht zu vergessen sind die Ehefrauen von Polizeioffizieren. Bei Psychotherapeuten ist

Der Grenzbereich zur Realsatire wurde nicht nur einmal überschritten.

schon die Rede von sekundärer Traumatisierung, die dann auftreten soll, wenn der Therapeut zu viel von primären Traumata hören muss, welche die Betroffenen direkt erlebt haben. Psychotherapeuten, die sekundär traumatisiert sind, müssen demnächst selbst in Psychotherapie, wobei die entsprechenden Therapeuten dann in Gefahr sind, eine ... klar doch, tertiäre Traumatisierung zu erleiden. Im Gegensatz zur sekundären ist diese zwar noch nicht beschrieben, liegt aber schon in der Luft. Hier beginnt nun die Quadratur des psychotraumatologischen Kreises. In diesen laufen Traumaverursacher, Traumatisierte, Psychotraumatologen, Traumacoaches, sekundär und tertiär Traumatisierte wie schreiende Kinder um die Wette und sehnen sich nach weiteren Mitläufern. Sie werden sie bald bekommen. Was die Fernsehbilder von brennenden und einstürzenden Türmen in New York am 11.9.2001 angerichtet haben, da konnten sich Psychotraumatologen so gerade noch zurückhalten, eine durch die Mattscheibe induzierte PTBS zu diagnostizieren. Wenigstens die meisten. Deutlich geringer wird diese Zurückhaltung bei der Lektüre von Shakespeare und Homer. In Heinrich IV. von Shakespeare heißt es beispielsweise:

„O mein Gemahl, ...
Was heftest du die Augen auf die Erde
Und fährst so oft, wenn du allein bist, auf?

Warum verlorst du deiner Wangen Frische?
Gabst meine Schätze und mein Recht an dich
Starrseh´nden Grübeln und verhasster Schwermut? ...
Dein Geist in dir ist so im Krieg gewesen
Und hat im Schlaf so dich aufgeregt,
Dass Perlen Schweißes auf der Stirn dir standen."

In der Tat sind einige Symptome der Posttraumatischen Belastungsstörung beschrieben. Diese aber als die einzig mögliche Ursache darzustellen entspricht nicht gerade einer differenzierten Betrachtungsweise, auch wenn kriegerische Auseinandersetzungen in diesem Drama eine bedeutende Rolle spielen. Symptome dieser Art können genauso gut bei Depressionen oder Angsterkrankungen auftreten. Oder wenn jemand einen schlechten Tag hatte. Ebenso fragwürdig ist die Eindeutigkeit einer Posttraumatischen Belastungsstörung bei Achill in Homers Ilias. Es wird geschätzt, dass Homer zwischen 750 und 850 v. Chr. gelebt hat. Ganz bestimmt lassen sich aus einer Distanz von 2500 Jahren die exaktesten Diagnosen stellen. Das ist mindestens ebenso exakt wie die Schlussfolgerung, dass die Ursache von Hitlers Fanatismus verdrängte Homosexualität sei. Vielleicht ist es gerade dieser traumafixierte Blick, der dazu führt, dass die Behandlung oft sehr schwierig ist. Folgende Fallgeschichte soll dies verdeutlichen:

Eine 57-jährige Kassiererin in einem Drogeriemarkt

wurde überfallen. Man bedrohte sie und sie gab die Tageseinnahmen heraus. Danach rief sie die Polizei und wurde vernommen. Am folgenden Tag fühlte sie sich elend und erschöpft und wurde vom Hausarzt zunächst eine Woche krankgeschrieben. Doch eine Woche reichte bei Weitem nicht und es entwickelten sich Angstsymptome, Schlafstörungen, sozialer Rückzug. Sie betrat nur noch Geschäfte, die so gut wie leer waren. Auch eine Arbeitsaufnahme in einem Bereich ohne Publikumsverkehr musste abgebrochen werden. Lag hier eine PTBS vor? Sie gab ja selbst an, dass sie das alles vorher nicht gehabt hätte. Nach dem Ausfüllen eines schon seit Jahren gebräuchlichen Fragebogens war die Diagnose PTBS fertiggemauert. Ließ man die Patientin ihre Lebensgeschichte erzählen, kam ein anderes Bild zum Vorschein. Sie war als karriereorientierter Mensch in der ehemaligen DDR aufgewachsen und hatte sich hochgearbeitet bis zu einer Position, in der sie selbstverantwortlich entscheiden konnte. All dies hatte sie nach dem Mauerfall verloren. Der Job als Kassiererin war nur eine Notlösung. Sie wähnte sich als Opfer von Umwälzungen, die sie selbst nicht verursacht hatte. Der Raubüberfall war nur das Zünglein an der Waage, der ihr seelisches Gleichgewicht zum Einstürzen brachte. Wahrscheinlich war die Symptomatik der Versuch einer Bewältigung einer sie völlig überfordernden Lebenssituation. Für sie war die Sache klar, der Raubüberfall hatte ihr Leben zerstört, ein Arbeitsunfall hatte sie aus der Bahn geworfen. In der für sie logischen Konsequenz hatte sie ein Recht auf Entschädigung. Dieses monokausale Denken ist nur allzu natürlich, macht aber blind für die Komplexität des Lebens. Diese möchten viele Menschen auch gar nicht sehen, ganz besonders, wenn es prinzipiell möglich ist, eine Entschädigung für ein Trauma zu ergattern. Spätestens dann sind alle therapeutischen Bemühungen vergeblich.

Ausgesprochen verlockend ist auch die Unanfechtbarkeit des Opferstatus.

Wenn Traumafolgestörungen derzeit geltend gemacht werden, so geht es vor deutschen Gerichten kaum um Kriegshandlungen, Schiffsuntergänge oder Flugzeugabstürze. So können nach dem sozialen Entschädigungsrecht oder der gesetzlichen Unfallversicherung schon lautstarke verbale Auseinandersetzungen im Berufsleben zu einer entschädigungspflichtigen, psychoreaktiven Belastung führen. Dies ist zwar keine PTBS, aber auch nicht ganz so weit entfernt davon. Doch es sind nicht nur der Wunsch nach Reduktion von Komplexität oder finanzieller Entschädigung, die die Therapie erschweren, es ist auch der nach Aufmerksamkeit und Mitleid. Ausgesprochen verlockend ist auch die Unanfechtbarkeit des Opferstatus. Ihn anzuzweifeln oder kritisch zu hinterfragen, ob auch alles tatsächlich so geschehen ist, wie geschildert wurde, gilt als unsensibel, wenn nicht verpönt.

Der Opferstatus entbindet von jeglicher Verantwortung. So ist es wohl zu erklären, dass der Opferstatus für manchen Zeitgenossen, teils unbewusst, teils ganz bewusst, zu einem Faszinosum werden konnte. Es ist sehr einfach, möglichst viele Lebensschwierigkeiten und Schicksale als Traumata zu klassifizieren. Diese nachfolgend zu therapieren ist emotional belastend (für Patient und Therapeut!), sehr teuer und ausgesprochen zeitaufwendig. Unmöglich wird die Therapie, wenn kulturelle Besonderheiten nicht berücksichtigt werden. So geschehen nach der Tsunamikatastrophe 2004 auf Sri Lanka. Dessen Regierung wurde von Psychotraumatologen dazu überredet, dass notfallpsychologische Therapien unbedingt erforderlich seien, um psychischen Traumatisierungen vorzubeugen. Abgesehen davon, dass die Effizienz solcher Maßnahmen generell noch nicht bewiesen ist, wurde die Verpflichtung der Geschädigten, Kinder von ihren Eltern zu trennen und intime Gespräche mit Fremden zu führen, zu einem Desaster mit parlamentarischem Nachspiel, wo herausgefunden werden sollte, wer hierfür verantwortlich war. Denn der Schaden dieser übereilten Aktion war größer als der Nutzen. Der angemessene Weg, mit solchen Katastrophen umzugehen, ist in Ostasien die stille Trauer, nicht reflektierendes Reden. Es ist davon auszugehen, dass die PTBS die weltweit am häufigsten simulierte Erkrankung ist, zumal sie als „simulationsnah" gilt, mit anderen Worten: leicht vorzutäuschen. Berühmt wurde das Fischerboot „Aleutien Enterprise“ in den USA, wo nach dem Untergang die überlebenden Seeleute durch Rechtsanwälte mit Hilfe von Symptomlisten gezielt auf die Simulation einer PTBS vorbereitet wurden. Auch in Deutschland werden der Posttraumatischen Belastungsstörung großzügig die Wege geebnet. Schon beginnen einige kommunale Behörden ihre Mitarbeiter in Pflichtfortbildungen zu schicken mit dem Thema: „Wie gehe ich mit traumatisierten Flüchtlingen um?“. Zweifelsohne wird eine gewisse Anzahl von Flüchtlingen traumatisiert sein, aber keinesfalls alle, wie manche Berichterstattungen dies so suggerieren. Bei gleichen Erlebnissen entwickeln ca. 85 % der Betroffenen keine PTBS. Die Kommunen mögen diese Fortbildungen in guter Absicht initiiert haben. Aber schon für psychiatrische Fachärzte und Psychologen ist es nahezu unmöglich, nur durch das Gespräch eine PTBS valide zu diagnostizieren. Das Motto dieser Fortbildungen scheint wohl zu lauten: „Wir können eine Traumatisierung nicht sicher erkennen, wissen aber ganz sicher, wie wir mit ihr umzugehen haben.“ Sicher gut für ein gutes Gewissen der Gutmenschen.

Keine andere psychische Erkrankung geht mit einer solchen moralischen Attitüde einher.

Bei korrekter Diagnose einer PTBS fordern die Betroffenen zu Recht die Bestrafung des Täters. Sie bemühen Gerichte und kehren ihren moralischen Anspruch mit Nachdruck heraus. Gleichfalls fordern sie Entschädigungen und kämpfen sich mit Verbissenheit durch die Instanzen. Manch einer mit der Diagnose Burn-out oder Depressionen hätte schon längst aufgegeben. Der Opferstatus wird unnachgiebig verteidigt. Keine andere psychische Erkrankung geht mit einer solchen moralischen Attitüde einher.

Trotz all der geschilderten Probleme mit der PTBS ist sie eine der erfolgreichsten Diagnosen der westlichen Welt. Warum? Weil einer vom Betroffenheitskult durchwaberten Gesellschaft der Held irgendwie suspekt geworden ist und stattdessen eine allmähliche Opferheroisierung sich den Bann gebrochen hat. Helden könnten gefährlich werden. Opfer sind harmlos. Zudem wird durch die Medien seit Jahren, mittlerweile seit Jahrzehnten bei jedem Unfall, bei jeder Katastrophe, jedem Großschadensereignis abschließend kommentiert, dass die Opfer sich in psychologischer Betreuung befinden. Es bleibt nicht aus, dass allmählich ins kollektive Bewusstsein sickert, dass aus sich selbst heraus kein Trauma zu überwinden ist. So werden Traumatherapeuten nie arbeitslos. Es ist ein Faktum, dass bestimmte psychische Erkrankungen nur deswegen entstehen, weil ihnen die Möglichkeit dazu eröffnet wird. Als im hochverschuldeten Deutschland nach Ende des Ersten Weltkriegs 1918 keinerlei finanzielle Mittel zur

Entschädigung der eigenen Opfer vorhanden waren, verschwand das Syndrom der Kriegszitterer. Das HWS-Schleudertrauma nach Auffahrunfällen ist in Litauen so gut wie unbekannt. Eine Kfz-Insassenversicherung gibt es in diesem Land nicht. Eine Entschädigung ist somit per definitionem nicht möglich. Im Gegensatz zu epileptischen Anfällen, die immer eine organische Ursache haben, treten psychogene Anfälle ausschließlich in Gegenwart anderer Menschen auf. Aufmerksamkeit und Hilfe sind gewiss. So auch bei der PTBS. Ein nicht geringer Teil der so Diagnostizierten hat die Erkrankung deswegen entwickelt, weil finanzielle Entschädigung, Mitleid und Aufmerksamkeit in Aussicht gestellt werden. Das mag sicherlich unbewusst ablaufen, an den Vorteilen des Krankseins ändert sich dadurch nichts. Wenn Achtsamkeit und Moral noch dazukommen, ist das gesamtgesellschaftliche Psychotop zur Generierung zahlreicher Opfer abgerundet. Helden haben hier nichts mehr zu suchen.

9. Kuschelpädagogik

Wie Helden schon im Ansatz vermieden werden sollen zeigt der von Roman Polanski 2001 gedrehte Film „Der Gott des Gemetzels", benannt nach dem gleichnamigen preisgekrönten Theaterstück einer französischen Dramatikerin. In der Eingangsszene wird eine Gruppe von Kindern im Park gezeigt, wo im weiteren Verlauf ein Junge einem anderen Kind durch einen Schlag mit einem Ast einen Schneidezahn abbricht.

Szenenwechsel: Die Mutter des Opfers, dargestellt von Jody Foster, sitzt mit ihrem Mann und dem gegnerischen Ehepaar, gespielt von Kate Winslet und Christopher Waltz am Computer und dokumentiert die gewalttätige Auseinandersetzung. Es geht um Schuld und Entschädigung. Doch eine unkomplizierte und schnelle Einigung ist nicht in Sicht. Rasch wird klar, dass hier Persönlichkeiten aufeinandergetroffen sind, wie sie unterschiedlicher nicht sein können. Jody Foster als Mutter des Opfers verkörpert eine fest in moralischen Prinzipien lebende Frau, die davon überzeugt ist, dass ein friedliches Miteinander nur möglich ist, wenn alle anderen Menschen sich gefälligst auch nach diesen respektive ihren Prinzipien richten. Kate Winslet als blondierte Anlageberaterin ist der ideale Gegenpart. Der Zuschauer spürt sofort, dass die Mutter des Täters ethisch hoch flexibel ist. Ihr Gatte, Vater des Täters, ist korrupter Anwalt eines Pharmakonzerns, der mehr an der Vertuschung von Nebenwirkungen eines Medikamentes interessiert ist, als am eigentlichen Geschehen, was aus mehreren Handy-Telefonaten ersichtlich wird. Der Vater des Opfers imponiert zunächst als gutmütiger Mensch mit einem leichten Schuss Trotteligkeit. Später kommt heraus, dass er den Hamster seiner Tochter lieblos ausgesetzt hat. Auch sonst bricht die dünne Eisdecke der Zivilisation mehr und mehr ein und es zeigen sich die hässlichen Seiten des menschlichen Zusammenlebens. Am Ende schlägt Kate Winslet den mitgebrachten Blumenstrauß kaputt, es tritt ein kurzer Moment Ruhe ein und danach bimmelt das Handy des Rechtsverdrehers erneut. Zum Schluss sieht man die Kinder der Anfangsszene wieder friedlich spielen. Ein Aspekt in dieser bissigen Gesellschaftssatire ist das Bestreben einer immer größeren Anzahl von Eltern, für ihre Kinder eine 110%ig gerechte Welt einzurichten, die es so nicht gibt. Umso mehr ist Jody Foster als Gutmenschenglucke von ihren Prinzipien überzeugt. Gut vorstellbar, dass sie sich schwere Vorwürfe macht, ihren Sohn einen Augenblick lang nicht in Watte gepackt zu haben.

Dass Helden der Leistung die Schulen verlassen, davon ist bei Ausbildern und Professoren nichts zu hören.

Das scheint auch die neue Angst der deutschen Mutter zu sein, einen Augenblick lang nicht genug Gutes für das Kind getan zu haben. Bloß keine Rabenmutter sein! Im Nachbarland Frankreich sieht man das etwas anders, genauer gesagt: genau umgekehrt. Dort geht die Angst um, das Kind zu sehr verhätschelt zu haben. Bloß keine Mutterglucke sein. Damit die Kindheit auch im Erwachsenenalter nahtlos fortgesetzt werden kann, um möglichst viele Antihelden zu bekommen, entwickeln deutsche Mütter eine erstaunliche und gleichzeitig bizarre Kreativität. Da wird schon mal ein Anwalt bemüht, falls ein Kind einem anderen einen Plastikteller an den Kopf geworfen hat. Keine Bewusstlosigkeit, kein Bluterguss, auch sonst keine sichtbaren Verletzungen, das geschieht schon mal bei 5-jährigen Kindern. Oder es besteigt ein Vater mit seinem 4-jährigen Sohn den Bus und fragt ihn, wo genau er denn sitzen wolle. Dabei wird jeder Sitzplatz begutachtet und ausführlich diskutiert, bis das Kind vollends nicht mehr weiß, was es eigentlich will. Was ganz nebenbei bemerkt Vierjährigen sowieso nicht ganz klar ist. Oder die Eltern, die wegen einer angeblichen Falschbenotung vor Gericht ziehen. Gewiss, dies sind Einzelfälle, manchmal auch grelle Phänomene, aber sie zeigen in eine Richtung, durch welche Kinder vor der Realität – genauer gesagt vor den negativen Seiten der Realität – abgeschottet werden sollen, die früher oder später aber trotzdem über sie hereinbrechen wird. Keine grellen Phänomene, sondern täglich zu beobachtender Irrsinn, sind Eltern, die ihren Sprössling die entsetzliche Fahrt in einem öffentlichen Verkehrsmittel ersparen wollen und sie stattdessen mit dem Privat-Pkw am liebsten bis ins

Klassenzimmer fahren würden, aber leider nur bis in die Nähe des Haupteinganges kommen, wo sie in zweiter bis dritter Reihe halten und andere Verkehrsteilnehmer zu riskanten Ausweichmanövern nötigen. Oder Eltern, die vor einer Klassenfahrt mit dem Kind an jenen Ort fahren, um ihm zu zeigen, wohin es geht und dass es keine Angst zu haben braucht, ggf. mit Übernachtung, damit bloß keine Ungewissheiten und keine Spannung mehr auszuhalten ist ob des unbekannten Reiseziels. Nicht nur öffentliche Verkehrsmittel sind eine Zumutung für Kinder, es ist die Schule überhaupt, die so manche Eltern als Grundübel der Kindes- und Jugendentwicklung ausgemacht haben. Das Martyrium von Leistung und Vergleich kann einfach nicht gutgehen, und so wundert es nicht, dass Schulstress in aller Munde ist. Es ist ein gefühlter Stress, der zu den objektiven Erfordernissen in keiner Relation steht. Man könnte es auch als Klagen auf hohem Niveau bezeichnen, das in Deutschland fast schon zur Tugend geworden ist. Rechnet man die Anzahl der Unterrichtsstunden in 60 Minuten-Einheiten um, so kommen 7- bis 14-jährige Schüler in Frankreich auf 7432 Stunden pro Jahr, in Deutschland auf 6322 Stunden. Damit liegt Deutschland auch unter dem OECD-Durchschnitt von 6862 Stunden. Nun könnte man einwenden, dass Deutschlands Schüler qualitativ mehr leisten als ihre Nachbarn und so die geringere Anzahl an Unterrichtsstunden ausgleichen. Wenn sich aber die Zahl der Abiturienten in den letzten 30 Jahren verfünffacht hat und die Zahl der Einser in NRW sich von 2007 bis 2011 mehr als verdoppelt hat, dann spricht das mehr für Notengefälligkeit als für gestiegene Leistung. Dass Helden der Leistung die Schulen verlassen, davon ist bei Ausbildern und Professoren nichts zu hören. Es kann auch sonst nichts Heldenhaftes von Menschen erwartet werden, deren Eltern am liebsten Videokameras in Kitas installieren und die totale Absicherung mit einem eingepflanzten Chip abrunden würden. Sicherlich alles gut gemeint, aber ein Quantum mehr an Realitätsreibung würde zu stabileren Persönlichkeiten führen. Das Bild einer verwöhnten Generation existiert auch in der Selbstwahrnehmung. So schreibt die 1983 geborene Journalistin Meredith Haaf in „Heult doch" über ihre Generation: „Sie mag es eben warm und gemütlich, es soll aber auch möglichst immer etwas los sein." Oder „... das von meiner Generation derzeit für niemanden eine Gefahr ausgeht, außer für sich selbst." Dazu passen auch die Ängste, die die Autorin auf zwei Seiten auflistet. 25 an der Zahl, von „Angst, etwas zu verpassen", bis „Angst davor, niemals richtig erwachsen werden zu können." Gewissermaßen die Grundausrüstung schlechthin für postheroische Zeiten.

10. Kuscheljustiz

Wie Helden nicht nur systematisch verhindert, sondern ihr Gegenteil nachhaltig gefördert wird, das zeigt die sogenannte Kuscheljustiz, die Antihelden generiert. Antihelden sind Täter, die rücksichtslos und unbeherrscht kriminell und nur auf ihren Vorteil bedacht sind. Antisozial, empathielos und ohne jegliches Schuldbewusstsein. Sie haben Energie und manchmal auch den Mut eines Helden, Ideale und höhere Ziele sind ihnen jedoch völlig fremd. Außerhalb der eigenen Bedürfnisbefriedigung können sie mit nichts etwas anfangen. Ist ihr Verhalten weder durch Strafen noch Therapie beeinflussbar und vermutet man zum Teil biologische Ursachen, spricht man von Soziopathen oder antisozialen Persönlichkeiten. Begünstigt werden Antihelden durch ein Justizsystem, welches von sozialromantischen Vorstellungen geprägt ist.

Kein Fan von diesen Vorstellungen ist der Jugendrichter Andreas Müller („Schluss mit der Sozialromantik"). Er lässt schon mal Neonazis nur mit Socken und ohne die gewohnten Stiefel den Gerichtssaal betreten. Völlig unsensibel, aber die Dominanzgefühle der Delinquenten werden ein klein wenig heruntergeschraubt. Vielleicht ein kleiner Schritt zur Besserung. Deutlich besserungsbedürftig sieht Richter Müller die haftverschonende Justiz. Zuwarten, wie von Sozialpädagogen häufig proklamiert, kann für ihn nicht die Lösung sein. Denn durch erzieherische Maßnahmen wie Ableistung von Sozialstunden wird bei einigen Tätern spätestens ab der vierten Straftat die Botschaft vermittelt: Ich kann ruhig so weitermachen, denn im Grunde passiert mir nichts. Die Karriere vom Straftäter zum Intensivtäter mit fließendem Übergang zum Antihelden ist gebahnt. Zehn und mehr Straftaten pro Jahr inklusive schwerer Körperverletzung sind bei solchen Kriminellen nichts Besonderes. Verurteilung wegen Diebstahl, Begehung einer Straftat am Tag der Verurteilung durch Faustschlag in ein Gesicht mit schweren Kopf- und Augenverletzungen, Filmen des Vorfalls mit Handy zur späteren Belustigung, Raubüberfall auf eine Tankstelle wenige Tage später mit vorgehaltenem Revolver, Beendigung einer „Diskussion" durch Messerstecherei am gleichen Tag, als Drogendealer regelmäßig schon seit Jahren tätig, eben Kriminalität aus Leidenschaft und Berufung. Werden diese Berufskriminellen inhaftiert, können sie zumindest in dieser Zeit keine weiteren Straftaten mehr begehen. Manch einer lernt zum ersten Mal feste Regeln und einen geregelten Tagesablauf kennen, da er oft aus dissozialen Verhältnissen mit ständigen Grenzüberschreitungen stammt. Dass Haft Verbrecher formt, ist in dieser Pauschalität genauso falsch wie der innige Glaube an außergerichtliche sozialpädagogische Maßnahmen

> ***Begünstigt werden Antihelden durch ein Justizsystem, welches von sozialromantischen Vorstellungen geprägt ist.***

als Königsweg zur Bekämpfung der Jugendkriminalität. Die Bibel hierzu verfasste der Kriminologe Christian Pfeiffer. In seiner Promotionsarbeit beschäftigte er sich mit einer Studie aus den 70er Jahren, die zu dem Ergebnis kam, dass Haft bei Jugendlichen zu mehr erneuten Straftaten führt als Arbeit mit Sozialpädagogen außerhalb von JVAs. Dass 68ern dies gut in ihr ideologisches Gebäude passt, muss nicht weiter erläutert werden. Für sie waren Arrest und Strafe Inquisitionsmaßnahmen des kapitalistisch-repressiven Staates. Die Studie als solches und Pfeiffers Schlussfolgerungen können durchaus richtig gewesen sein. Damals in den 70ern. Doch die Welt hat sich seither grundlegend gewandelt, auch in der Jugendkriminalität. Spätestens seit den 90er Jahren traten ganz andere Tätergruppen in Erscheinung mit schwersten Straftaten vor dem Hintergrund der Arbeitslosigkeit und Verwahrlosung, die es in diesem Ausmaß in den 70ern nicht gegeben hatte. Hinzu kommt eine Heerschar von jugendlichen Intensivtätern mit Migrationshintergrund, überwiegend aus orthodox-muslimischen Ländern, für die sozialpädagogische Maßnahmen allenfalls leicht störende Aktivitäten sind, verordnet von einem dekadenten westlichen Staat, den man sowieso nicht ernst nimmt. Einfach ein Symbol für: „Kannst weitermachen wie immer, unterm Strich passiert nichts“. Dennoch wird der Pfeiffersche Katechismus unbeirrt weiter praktiziert. Überzeugungen stören sich nur wenig an der Realität und haben eine besonders lange Halbwertszeit. Was lässt insbesondere Sozialdemokraten und linksideologisch Verzückte so verbissen daran festhalten? Es ist der Glaube – besser: der Traum –, dass der Mensch als Tabula rasa zur Welt kommt und die vom Markt moralisch verdorbene Welt in diese „Tafel der Sinne" ihre verderblichen Einflüsse ritzt und ihn zum Verbrecher stempelt. Angeborenes gibt's nicht. Scheinbar wissenschaftlich untermauert wurde dies durch die behavioristische Theorie von Burrhus Frederic Skinner, der ernsthaft die These vertrat, dass er nur durch Umwelteinflüsse aus einem Neugeborenen alles machen könne, ob Dummkopf, Verbrecher, Polizeidirektor oder Professor. Doch die Zwillingsforschung hat dies mittlerweile seit Jahrzehnten widerlegt. In dieser Zeit wurde die Biographie Hunderter Zwillingspaare beobachtet und beschrieben, die man kurz nach der Geburt trennte. Trotz völlig unterschiedlicher Milieus, in denen sie dann aufwuchsen, wiesen sie so viele gemeinsame Persönlichkeitsmerkmale, Hobbys, Vorlieben für bekannte Filme, Bücher oder gar Lieblingsspeisen auf, dass dies weder mit dem Zufall und schon gar nicht mit dem Milieu erklärt werden konnte. Ein Teil der Persönlichkeitseigenschaften muss biologische Ursachen haben bzw. erblich bedingt sein. Beim anderen Teil sind Psychologie und Sozio-

Für 68er waren Arrest und Strafe Inquisitionsmaßnahmen des kapitalistisch-repressiven Staates.

logie die Taktgeber. Sowohl ein biologistischer als auch ein psychosozialer Determinismus hätte dramatische gesellschaftliche Konsequenzen. Denn logisch zu Ende gedacht würde eine persönliche Schuld automatisch nicht mehr existieren. Der biologistische Verbrecher wäre ein Fall für die Genchirurgie, der psychosoziale für Sozialpädagogen und forensische Psychiatrie. Sollte die letzte Variante nicht finanzier- oder sonst wie realisierbar sein, dann könnte eine Ära des Antihelden anbrechen. Bis dahin gilt: Wer sich nicht heldenhaft verhält, hat heute guten Chancen, behandelt zu werden. Mal sozialpädagogisch, mal psychotherapeutisch.

11. Psychotherapie – manchmal tut´s auch ´ne Flasche Bier

Diesen Alternativvorschlag machte im November 2013 Josef Hecken, damals Vorsitzender des gemeinsamen Bundesausschusses, der die Leistung der gesetzlichen Krankenkassen festlegte. Also der mächtigste Mann im deutschen Gesundheitswesen. Der Spruch in dieser Flapsigkeit bis Frechheit sorgte für viel Wirbel und Empörung, der manchmal auch deutlich übertrieben wurde, getreu nach dem Motto: „Zuerst einmal durchdrehen, danach sehen wir weiter". Hecken nahm den Spruch nicht zurück, sondern kommentierte: „Unglücklich, weil missverständlich". Wenig später wurde er ausführlicher und teilte mit, dass er „als Privatperson nicht jede Befindlichkeitsstörung wie z. B. gelegentliche Einschlafprobleme, als krankhaften und sofort behandlungsbedürftigen Zustand ansehe, sondern mir dann manchmal als altes Hausmittel eine Flasche erwärmten Bieres hilft". Im Gegenzug spricht der Bundesverband der Psychotherapeuten von „der Not der Patienten". Wer hat recht? Wie so oft: beide. Psychische Erkrankungen wie Alzheimer, Schizophrenie, Suchterkrankungen, schwere Zwangsstörungen, Depressionen etc. verursachen bei Betroffenen und Angehörigen Not und Leid. Völlig unstrittig. Arbeitsplatz- und Partnerschaftskonflikte, um nur die häufigsten Auslöser zu nennen, führen zu psychischen Belastungen, denen immer rascher eine Krankheitswertigkeit zugeschrieben wird, die gefälligst noch rascher der sprechenden Medizin bedarf. Dabei halten mindestens 50 % der

Krankschreibungen auf psychiatrischem Fachgebiet einer kritischen Überprüfung nicht stand. Anhand einer Metaanalyse wurde festgestellt, dass ca. 40 % der Patienten einer Psychotherapie von diesem Behandlungsverfahren nicht profitieren. Einem Teil der Patienten geht es sogar noch schlechter als zuvor. Ernsthafte Nebenwirkungen gibt es auch auf Seiten der Behandler. Ärzte haben im Vergleich zu anderen Berufsgruppen die höchste Suizidrate und innerhalb der Arztgruppen sind neben Allgemeinärzten und Anästhesisten Psychiater führend. Trotzdem ist, verglichen mit der Apparatemedizin, der Ruf der sprechenden Medizin in der allgemeinen Bevölkerung ausgesprochen gut. Ein Blick in die Historie erklärt, warum.

Je besser es uns geht, umso schlechter fühlen wir uns. Könnte es vielleicht daran liegen, dass wir immer unselbständiger werden?

Bei weiter Auslegung des Begriffes im Sinne von beruhigenden und stützenden Gesprächen existiert Psychotherapie seit der Antike. Mächtigen Auftrieb erfuhr sie durch die charismatische Figur Sigmund Freuds im 19./20. Jahrhundert. So wurden die ersten Versammlungen des psychoanalytischen Kreises in Wien mit den Worten beschrieben: „Es herrschte eine Atmosphäre von Religionsgründung im Raum [...]“. Freuds Schüler waren seine Apostel. Stück für Stück breitete sich ein Religionsersatz aus. Mit Überzeugung und dem entsprechenden

Vokabular konnte jegliches menschliche Verhalten zum Symbol erklärt werden, welches einer Deutung bedarf. Banalitäten konnten nun mit einem tiefen Sinn aufgeladen werden. Bis zum 18. Jahrhundert spielten privates und intimes Erleben nur sporadisch eine Rolle. Seit den ersten Hochkulturen in Mesopotamien ging es um Schlachten, Glaubenskriege, Kreuzzüge, Entdeckung anderer Kontinente, imperialer Gelüste, Expeditionen, Forschung, Wissenschaft, Literatur, Malerei, Musik – eben ganz große Dinge. Manchmal sicherlich auch nur um das, was man dafür hielt. Alltag und Familie wurden nicht mit höheren Idealen in Verbindung gebracht. Die Psychoanalyse bot nun die einmalige Gelegenheit, Alltag und jegliche Formen der menschlichen Beziehungen neu und deutlich höher zu bewerten. Das Triviale wurde sinnvoll, Banalitäten bedeutsam. Aus Psychologisierung wurde Infantilisierung. Grund genug für Theodor Ziehen (1862-1950) der Psychiatrie den Rücken zu kehren. Er war seit 1892 Professor für dieses Fach an wechselnden Universitäten und seit 1917 Professor der Philosophie in Halle an der Saale. Schon zu Schulzeiten sah er die Philosophie als sein letztes Lebensziel an, studierte aber zunächst Medizin, da er nur für dieses Fach das dringend benötigte Stipendium bekam. Das Faible für Philosophie begründete dann auch seine Spezialisierung auf Psychiatrie. Er betreute in Jena den im Januar 1898 wegen Syphilis eingelieferten Friedrich Nietzsche. Der zunächst seine philosophischen Neigungen nicht auslebende Ziehen verlieh 1923 der damaligen Psychiatrie das zynische Urteil „triviale Angelegenheiten und triviale Menschen". Doch Zynismus und Realismus sind oftmals näher zusammen als vermutet. Ein knappes Jahrhundert später wird das Dilemma des Psychobooms ein wenig klarer. Nun hat die Aufplusterung banaler Erziehungs- und Beziehungsschwierigkeiten ein Ausmaß erreicht, dass es offensichtlich nur noch Ärzte und Patienten, Therapeuten und Therapierte, Betreuer und Betreute, Coaches und Gecoachte gibt. In einer überalterten Gesellschaft, in der Fitness und Jugendlichkeit bis zum Lebensende ein erstrebenswertes Ziel sind, können sich Psychotherapie, Sozialpädagogik und Coaching, bei denen die subjektive Sichtweise der Patienten eine maßgebliche Rolle spielt, einem Verjüngungsprozess nur schwer entziehen. Die Abgrenzung zur Kinder- und Jugendbetreuung ist ein wenig durchlässiger geworden. Und wem kann man es in einer Epoche des Ewig-Jungbleibens überhaupt noch zumuten, erwachsen zu werden? Kindererziehung und Jugendbetreuung sind zu einem lebenslangen Projekt geworden für Adoleszente von 8 bis 80. Über 90-jährige Damen, die bei Jugendämtern anrufen und sich über ihre mindestens 70-jährigen Söhne beschweren, kommen nicht nur in Witzblättern und Bildschlagzeilen vor, sondern zunehmend auch in der Realität. Die juvenilen Gerontoathleten müssen nur lange genug Schwierigkeiten machen, um letztlich doch an die psychologische oder psychotherapeutische Hand genommen zu werden. Das könnte auch eine kompetente Erzieherin sein.

Ob Streit mit den Nachbarn, den Arbeitskollegen oder dem Chef, jeder pubertär anmutende Konflikt kann zu Befindlichkeitsstörungen führen, die wiederum in eine psychiatrische Diagnose umformuliert werden. Kein Problem. Falls Depression nicht ganz zu passen scheint, die reaktive Depression, auch Anpassungsstörung genannt, wird es in jedem Falle richten. Wie heißt es doch in der derzeit gültigen internationalen Klassifikation psychischer Störungen (ICD-10): „Hier handelt es sich um Zustände von subjektivem Leiden und emotionaler Beeinträchtigung, die soziale Funktionen und Leistungen behindern und während des Anpassungsprozesses nach einer entscheidenden Lebensveränderung oder nach belastenden Lebensereignissen wie auch schwerer körperlicher Erkrankung auftreten. Die Belastung kann die Unversehrtheit des sozialen Netzes betroffen haben, (...) Trauerfall, (...) Trennungserlebnis (...) kann dabei nur den Einzelnen oder auch seine Gruppe oder Gemeinde betreffen (...)."

Was sollte man da nicht hineinpacken können? Für Burn-out, der Leistungsvermeidungsdiagnose Nr. 1, eine Steilvorlage. Die nächsten Leistungsvermeidungsdiagnosen sind schon klar formuliert und werden medial aufbereitet in Lifestyle-Gazetten, VHS-Kursen und im

Internet. Sie laufen sich schon mal warm und stehen kurz vor der Aufnahme in ein aktuelles Klassifikationssystem für psychische Erkrankungen: Prokrastination (Aufschiebeverhalten, vornehme Umschreibung für „den Hintern nicht hochkriegen"), Hochsensibilität, Geräuschempfindlichkeit. Den „Patienten" mit der letzten Diagnose könnte man Ohrenstöpsel verschreiben, aber solch unsensibler Pragmatismus würde in ein Fegefeuer von Ethikkonferenzen katapultiert. Man begegnet den Problematisierungsorgien der Überflussgesellschaft mit ausgeklügelten Formen der sprechenden Medizin: Ambulante Psychotherapie, tiefenpsychologisch fundiert, verhaltenstherapeutisch perfektioniert, Angehörige inkludiert. Auf dass keiner in seiner Misere zurückgelassen wird, und sei sie auch noch so selbstverschuldet. Bei dem derzeitigen Wildwuchs an Befindlichkeitsstörungen, die nahezu willkürhaft in psychiatrische Diagnosen umgemünzt werden, wird das wohl nur der Anfang sein. Schaffen wir also mehr Therapieplätze, die dringend benötigt werden. Ihre Tochter möchte Psychotherapeutin werden? Toll. Vielleicht wird sie eines Tages selbst ein Burn-out entwickeln, aber eines wird sie ganz bestimmt nicht: arbeitslos.

Wer sich nicht heldenhaft verhält, hat heute guten Chancen, behandelt zu werden.

Verglichen mit Ländern der Dritten Welt klingt es doch paradox: Je besser es uns geht, umso schlechter fühlen wir uns. Könnte es vielleicht daran liegen, dass wir immer unselbständiger werden, je mehr Hilfseinrichtungen und Mutterprothesen es gibt? Spätestens jetzt kann ohne therapeutischen Beistand nichts mehr bewältigt werden. Ob Kindererziehung, Pflege der greisen und dementen Eltern, Arbeitskonflikte, Gewichtsreduktion, Nachbarschaftsstreitigkeiten, Beziehungskonflikte, sexuelle Probleme, Hundeaufzucht, krumme Nase, ob ja, ob nein, Ehemann ist Parteimitglied der AfD geworden, Scheidung ja, Scheidung nein, Ex-Frau möchte Beziehung wieder aufleben lassen, Neustart ja, Neustart nein, Ehemann möchte nur Sex, aber keine Kinder, Ehefrau möchte nur Kinder, aber keinen Sex ...

Geschafft! Aus Psychologisierung ist Infantilisierung geworden, Deutschland ist im Kindergarten. Die gebetsmühlenartige Wiederholung von den zu wenigen Psychotherapieplätzen ist ein Mythos des müden Europas. In der kontinuierlichen Abwärtsdefinition dessen, was eigentlich psychisch krank ist, kann es niemals genügend Therapieplätze geben. Nicht nur Psychotherapie, auch der Beruf des Therapeuten hat seine Risiken. Da wundert es nicht, wenn einige Therapeuten nur die Patienten nehmen, die ihnen guttun. Um aus ihren Versicherten gut erscheinende Patienten zu machen, stellen immer mehr Krankenkassen Psychologen ein, die den (vermeintlich) Psychotherapiebedürftigen schon mal die richtige Wortwahl beibringen, um rasch an einen der begehrten Therapieplätze zu kommen. Aus „Mein Job kotzt mich an" oder „Meine Tussi nervt" wird dann flink „Ich möchte mit Ihnen gemeinsam eine Lösungsstrategie erarbeiten und das ...".

So etwas wie Burn-out gibt es immer so lange, wie eine Gesellschaft es sich erlauben kann.

Mit dem richtigen Psychovokabular lässt sich aus jedem trivialen Kinderkram eine behandlungsbedürftige psychische Erkrankung formulieren. Wie hieß das noch mal bei dem Psychiater und Philosoph Ziehen? „Triviale Angelegenheiten ..."? Sollte da doch etwas Wahres dran sein? Vielleicht mehr als ein Körnchen?

Doch ein Ende des Psychobooms ist nicht abzusehen, im Gegenteil. Die Durchpsychologisierung der westlichen Gesellschaft ist im vollen Gange. So gibt es an der Uni Münster schon eine Prokrastinationsambulanz. Die ist nicht nur für Leute bestimmt, deren Motto lautet, „Kommste heut' nicht, kommste morgen". Denn da könnte durchaus eine ernstzunehmende psychische Erkrankung dahinterstehen, die bald ein pandemieartiges Ausmaß annehmen wird, wie die Posttraumatische Belastungsstörung. Dahinter könnte aber auch das Diktum der Entscheidungsvermeidungskultur stehen mit dem Leitgedanken: „Das Einschlagen eines Nagels verlangt die Zustimmung einer Kommission, die, ehe sie der Nagelfrage näher tritt, ihren Vorsitzenden, dessen

Stellvertreter, den Kassenwart, den Schriftführer, den Frauenbeauftragten und ein externes Mitglied wählt, das die Anliegen des regionalen Ethikrats für Technikfolgenabschätzung und Umweltschutz geltend macht." (Peter Sloterdijk). Also eine Zeitkrankheit.

Hochsensible fordern Verständnis und sehen sich nicht als krank an. Noch. Man könnte das Ganze links liegenlassen und keine Beachtung schenken. Das wäre eine einfache Lösung. Aber die ist verpönt. Doch führt sie manchmal geradewegs zum Ziel, wie die Vereitelungsmöglichkeit von Frühverrentung von Lehrern zeigt. Bis 2003 stand der Anteil der Lehrer, die das vorgesehene Alter für den Ruhestand erreichen, nur noch bei knapp 10 %. Das vorzeitige Ausscheiden geschah meist wegen einer psychischen Erkrankung im Sinne von Burn-out. Aus 10 % wurden aktuell 65 %. Nicht durch Coaching, nicht durch Supervision, nicht durch Psychotherapie, sondern sehr wahrscheinlich alleine dadurch, dass die Versorgungsabschläge bei frühzeitiger Pensionierung höher gesetzt wurden. Man kann es auch die Brutalität des Faktischen nennen. So etwas wie Burn-out gibt es immer so lange, wie eine Gesellschaft es sich erlauben kann. Noch kann sie es und völlig neue Helden werden kreiert: Im medikalisierten Zeitalter ist schon der ein Held, der sich artig um seine Gesundheit kümmert. So manch Apotheker könnte davon ein Lied singen. Diese fühlen sich öfter wie Sonderpädagogen im Erwachsenenkindergarten. Wer bei ihm kauft, hat garantiert Eins plus N Rückfragen, wobei N fleißig gegen unendlich galoppiert. Eben lebensentscheidende Fragen: Verträgt sich Aspirin mit mittelaltem Gouda? Können vertikale Herausforderungen nur durch Viagra bewältigt werden? Sind Mittel gegen klimakterische Beschwerden wirklich klimaneutral?

Seine Kunden planen schon mit 28 Jahren, wie sie mit gesunder Ernährung und Yoga dem Treppenlift mit 79 Jahren zuvorkommen können. Dabei fühlen sie sich als Held, als hätten sie völlig vergessen, dass Helden keine Psycho- und Ratgeberzeitschriften lesen, an Yoga und gesunde Ernährung keinen Gedanken verschwenden und sich auch niemals mit einer Patientenverfügung beschäftigen würden. Auch haben sie vergessen, dass die ständige Beschäftigung mit Gesundheit die schlimmste Krankheit ist.

12. Feminisierung der Gesellschaft oder Mimose Mann

„Es sind ja doch die besonders spannenden Momente, wo man sich selbst so ein bisschen Gedanken macht und überlegt, wie man weitermacht, und die hab ich mir jetzt gemacht, und hab´ mich entschieden, dass ich mit meinen drei Gästen weiterrede und dich, Eva, verabschiede".

Mit diesem Satz schmiss der Talkmaster Johannes B. Kerner am 09.10.2007 die ehemalige Tagesschausprecherin Eva Herman vor laufenden Kameras aus seiner Sendung. Ein Novum in der Geschichte des deutschen Fernsehens. Der Vorlauf zu diesem medialen Showdown begann im Mai 2006, als Eva Herman es wagte, in dem Politmagazin Cicero einen Aufsatz zu veröffentlichen mit dem Titel „Ist die Emanzipation ein Irrtum?". Ein Tabubruch. Darin zweifelt sie an den angeblichen Errungenschaften des Feminismus, sieht in der Karriere so mancher Frau verdrängte Sehnsüchte nach Ehemann und Kindern, abgearbeitet in einer Rolle, die im Widerspruch zu ihrer natürlichen Bestimmung steht. Am Ende steht die bindungslose, überalterte Gesellschaft mit maskulinen Frauen und testosteronneutralisierten Männern. Ausführlicher wird sie in ihrem Buch „Das Eva-Prinzip – Für eine neue Weiblichkeit". Dort beschreibt sie die Selbstverwirklichung so mancher Frau als eine Lebenslüge. Frauen glauben kritiklos das von den Medien vermittelte Bild der beruflich erfolgreichen Frau als Erfüllung des Daseins. Tief in ihrem Innersten wollen sie Mutter und treusorgende Ehefrau sein. Die Emanzipation hat zumindest eine Teilschuld an der Verwahrlosung der Kinder. Diese in Kitas zu geben ist nicht kindgerecht. Die Selbstverwirklichung der Frau ist Egoismus. Gender-Mainstreaming, die Leugnung des biologischen Unterschiedes zwischen Mann und Frau, ist „das gefährlichste Umerziehungsprogramm in der Geschichte der Menschheit". Teufelswerk. Männer und Frauen denken und fühlen prinzipiell anders und das hat biologische Ursachen. Die Biologie hat das Sagen. Die Soziologie plappert nur dusseliges und gefährliches Zeug.

> ***Am Ende steht die bindungslose, überalterte Gesellschaft mit maskulinen Frauen und testosteronneutralisierten Männern.***

Das schlug dem feministischen Fass den Boden aus. Die selbsternannten Hüterinnen der Emanzipationsmoral bliesen zum Sturm und jagten sie als faschistoide Hexe durch das mediale Dorf. Allen voran Alice Schwarzer, für die das Buch „eine Suada zwischen Steinzeitkeule und Mutterkreuz" war. So konnte man sich das zurechtsehen. Aus radikal-feministischer Sicht ganz sicher. Aus konservativer Sicht ebenso sicher nicht. Wie viel Prozent der Herman´schen Gesellschaftsdiagnose richtig sind, wird objektiv nicht zu klären sein. Was sofort ins Auge fiel, war das wenig heldinnenhafte Verhalten der Political Correctness-Amazonen, der emanzipationsübersteuerten Damen, der Feministinnen. Ihnen ging es nicht nur um die Widerlegung der Herman'schen Thesen, sondern darüber hinaus um die Demontage ihrer Persönlichkeit im öffentlichen Raum. Was letztlich gelang. Die vorher in den Mainstreammedien so beliebte Moderatorin ward dort nicht mehr gesehen. Da halfen auch nicht Gerichtsurteile, insbesondere die, die Anschuldigungen entkräfteten, sie habe die Mutterrolle in der NS-Zeit zumindest für teilweise gutgeheißen. Das genaue Gegenteil war der Fall.

Apropos wenig heldinnenhaftes Verhalten von Feministinnen, taugt der Feminismus überhaupt zur Schaffung von Helden? In der Bundeswehr ganz sicher nicht, dafür sorgt schon die oberste Herrin, Verteidigungsministerin Ursula von der Leyen. Ihr Porträt wurde in so mancher Militärstube deutscher Kasernen einfach zur Wand gedreht. Das stärkt wahrscheinlich eher die Kampfmoral als ihre Maßnahmen und ihre Innovationen. Als da wären: hochschwangerengerechte Schützenpanzer, familienkompatible Dienstzeiten, Gleichstellungsdirektiven, Verordnung von Sex-Workshops, Umstandsmode für Soldatinnen, etc. Um die Einsatztauglichkeit von Hubschraubern und Flugzeugen oder die Zielgenauigkeit von Waffen kümmert sich der Nachfolger. Bei aller berechtigte Emanzipation, es gibt eben Berufe, für die Frauen naturgemäß nicht geeignet sind. Der der Soldatin gehört dazu. Einen 20-Kilometer-

Marsch mit 10-15 kg (oder mehr) Kampfgepäck plus Waffen durch unbequeme Geographie wie in Afghanistan oder Mali steckt der durchschnittliche Mann besser weg als die durchschnittliche Frau. Im Kampfesfall müssen die Soldaten ihre Soldatinnen zusätzlich schützen, ihnen Gepäck zur Erleichterung abnehmen – ob das die Kampfkraft stärkt? Hinzu kommt der Personalmangel bei Schwangerschaften und Geburten. Bei der Polizei wird es in vielen Situationen nicht viel anders aussehen. Durch diese feministische Verdünnung werden maximale Kampfleistungen nicht gerade gefördert. Auch in zivilen Bereichen steht das Leistungsprinzip bei so manchen Frauen nicht hoch im Kurs, zumindest bei den Quotenheldinnen. Sie fordern Vorstandsposten. Geht es um Posten in der Müllabfuhr oder im Straßenbau, ist von einer Frauenquote plötzlich nichts mehr zu hören. Selbst für Frauenversteher ein unlösbares Rätsel.

Die Biologie hat das Sagen. Die Soziologie plappert nur dusseliges und gefährliches Zeug.

So hoch die Gier bei Feministinnen nach so mancher Quote ist, so leidenschaftlich verfolgen sie Sprach- und Beziehungsregelungen. Zunächst soll dem feministischen Horror aus der phallokratischen Grammatik der Garaus gemacht werden. Deswegen ist in der Straßenverkehrsordnung seit dem 1. April 2013 nicht mehr vom Fußgänger die Rede, sondern von „zu Fuß Gehenden". Aus Radfahrern wurden „Radfahrende". Auch jenseits der Verkehrsverordnung nimmt die feministische Sprachdrechselei ihren Lauf, aus Studenten werden „Studierende", aus Studentenwerk wird „Studierendenwerk". Das Ganze wird als gendergerechte Sprache verkauft, aber durch die Bekämpfung des Maskulinums in der Sprache ist Mann/Frau der Feminisierung der Gesellschaft ein Stückchen nähergekommen. Nach Sprache und Berufswelt werden nun auch die alltäglichen Beziehungsformen auf der Suche nach Sexismus durchleuchtet. Exemplarisch hierfür der Fall der Jenna Behrends (Spiegel 47/2017), Feministin und Juristin in einer Person, da kann am Ende nur eine spannende Geschichte von Größe und Freiheit herauskommen. Sie wollte in der CDU in Berlin Karriere machen und scheiterte an bösen, libidinös übersteuerten Männern. Logisch, anderes kann aus feministischer Sicht nicht wahrgenommen werden. Vor ihrem endgültigen Polit-Aus veröffentlichte sie den Brief „Warum ich nicht mehr über den Sexismus in meiner Partei schweigen will". Eine Affäre mit Generalsekretär Peter Tauber habe man ihr angedichtet. Der dementierte postwendend. Ebenso die Frauen-Union, die das Problem Sexismus zuvor nicht leugnete, aber in Madam Behrends die falsche Person sah. Erste Zweifel an ihrer Glaubwürdigkeit. Weitere Zweifel folgten durch die Parteikollegin und Kommissarin Cegla. Diese erklärte, dass das Gerücht über die Affäre mit

Peter Tauber von Frau Behrends selbst ausgegangen sei. Die Kriminalkommissarin wörtlich: „Wenn jemand wie Jenna Behrends Sexismus instrumentalisiert, wird echten Opfern nicht mehr geglaubt“. Um nicht als Sittenstrolch denunziert zu werden, der seine Finger nicht mehr unter Kontrolle hat, wollte so mancher Parteikollege mit der Juristin Behrends nicht mehr alleine in einem Raum sein. Der Fall Behrends zeigt die ganze Verlogenheit und Heuchelei der #MeToo-Debatte. Und was sagt Mann dazu? Alles gut, alles richtig, wir geloben Besserung. Das passt gut zum mittlerweile seit Jahrzehnten laufenden Anti-Heroisierungsprogramm des Mannes. Nun träumt er von emotionaler Komplexität, heult vor laufenden Kameras, lässt sich von seiner Frau schlagen, besucht Männergruppen, nimmt an Workshops zu Empathie und Achtsamkeit teil. Demnächst wird er noch Unterschriftenaktionen für die Entfernung von Bildern von Franz-Josef Strauß in der Öffentlichkeit starten. Um ein stereotypes Männerbild zu verhindern, so die offizielle Version. Tatsächlich, weil seine Seele es nicht mehr erträgt, einem echten Mannsbild in die Augen zu schauen.

13. Exkurs: #MeToo – die wahre Geschichte

Mein Tag war erfolgreich. Noch. Schon siebenmal hatte meine rechte Hand Tuchfühlung mit einem weiblichen Musculus glutaeus maximus aufgenommen, auch verlängerter Rücken genannt. Waren es früher die Diagnosen Schizophrenie, Persönlichkeitsstörung oder Pädophilie, die die Gemüter erregten, so ist es heute das Mannsein an sich. Es steht kurz davor, eine psychiatrische Schmuddeldiagnose zu werden. Natürlich mit verminderter Schuldfähigkeit – immerhin etwas Positives, so dachte der Nervenarzt mit der hypersexuellen Störung, bislang therapieresistent, gegenwärtig auf der Jagd nach dem unvergleichlichen Gefühl des männlichen Greiforgans auf eben jenem weiblichen Musculus glutaeus maximus.

Das nächste Objekt seiner Begierde vermutete er in einer Buchhandlung. Der intellektuelle Touch einer Buchhändlerin war für ihn immer schon das süßeste Aphrodisiakum. Doch die achte Tuchfühlung war die letzte an diesem Tag. Kolleginnen informierten Polizei und Rettungswagen. Sanitäter erkannten ihren Wiederholungstäter und in einer Form der ausgleichenden Gerechtigkeit spürte er nicht nur starke Arme und Hände, die ihn zu Boden rangen, sondern auch eine Injektionsnadel, die sich in seinen Musculus glutaeus maximus bohrte. Ein antitestosteronhaltiges Serum schoss in seinen Blutkreislauf und raubte ihm sämtliche Kraft. Ruck zuck wurde er auf einer Liege festgeschnallt, ab ging es in den Rettungswagen. Zehn Minuten später fand er sich im Aufnahmezimmer der örtlichen psychiatrischen Klinik wieder. „Mein Lieber" schlüpfte es aus dem rotlippigen wollüstigen Mund der aufnehmenden Ärztin. „Ich hatte ihnen schon letztes Mal eine Depotspritze empfohlen, dann könnten wir uns dieses 14-tägige Intermezzo wenigstens ein paar Monate hintereinander sparen". Sie zog die Plastikhülle einer Valiumspritze ab, was ihn überhaupt nicht beunruhigte, denn als sie eine Vene suchte und sich vornüberbeugte, rieselte ein Dopaminschauer durch sein limbisches System. Die Moleküle bewirken eine euphorische Anästhesie des präfrontalen Kortex. Dann drang die Nadel ein ...

Waren es früher die Diagnosen Schizophrenie, Persönlichkeitsstörung oder Pädophilie, die die Gemüter erregten, so ist es heute das Mannsein an sich.

Schweißgebadet wachte er auf. Mit „Gott sei Dank, nur ein Albtraum" befreite er sich aus dem Bettlaken, ging ins Wohnzimmer und schaltete den Fernseher ein. Gezeigt wurde eine Talkshow, offensichtlich eine Aufzeichnung vom gestrigen Abend. Sandra Maischberger moderierte zum Thema permanente sexuelle Übergriffe von Männern an Frauen, die vorher offensichtlich niemand bemerkt hatte. Vermutlich handelte es sich um einen der Wissenschaft noch nicht aufgefallenen kollektiven Sensibilitätsausfall bezüglich ganz bestimmter maskuliner Enthemmung. Neben Frau Maischberger waren noch vier andere Frauen anwesend, offensichtlich selbsternannte Sittenwächterinnen mit einem Schuss altjüngferlicher Pedanterie. Sogar ein Exemplar des Mängelwesens Mann hatte sich verirrt, ein wohldressierter Frauenversteher, an dem sieben Achtsamkeits- und Sensibilitätskurse nicht ganz spurlos vorübergegangen waren. An ihm konnte man rasch feststellen, dass aus dem generellen Täterprofil männlich, weiß, heterosexuell schon längst weibisch, impotent und kastriert geworden war. Wie immer war die Realität eintausend Mal schlimmer als der schlimmste Albtraum. Fast könnte man (n) von Valiumspritzen träumen.

Die #MeToo-Debatte hat die westliche Welt in einen hochgradigen Erregungszustand versetzt. Der ist fast so spektakulär wie Sex. Seit den Enthüllungen um den Hollywood-Mogul Harvey Weinstein und dessen triebhafte Schlawinereien bekennen sich ungezählte Frauen und ein paar Jungens unter dem Internetschlagwort #MeToo dazu, unwillkommene Aufmerksamkeiten aus der Männerwelt erlebt zu haben. Aber mal ernsthaft: In welchen asozialen Kreisen bewegen sich eigentlich die Protagonistinnen des #MeToo, dass sie ständig sexuellen Übergriffen und blöden Sprüchen ausgesetzt sind? Nicht nur in meinem nicht gerade kleinen Bekanntenkreis habe ich auch nur eine Frau gehört, die diese permanenten sexuellen Übergriffe bestätigt hat. Eine meinte sogar: „Gerade in dieser Zeit möchte ich kein Mann sein". Was derzeit aus Hollywood und den USA auf die übrige westliche Welt hinüberschwappt, ist, wie so oft, das lautstarke Getöse einer Minderheit, diesmal von Frauen, die die Mechanismen der Skandalisierung perfekt beherrschen. Dabei ist die Faktenlage ausgesprochen dünn. Verlässliche Zahlen gibt es nicht. Wie auch. Oft gibt es keine Zeugen, es steht Aussage gegen Aussage. Also ideale Ausgangsbedingungen. Wenn Revolutionen die Lokomotiven der Weltgeschichte sind, dann sind Emotionen die Lokomotiven der Skandalisierung. Im Skandal geht es nicht um die Wahrheit, sondern um die Vorstellung der Masse. Um nicht missverstanden zu werden: Der Filmproduzent Harvey Weinstein ist sicherlich kein Unschuldsengel. Aber warum bricht diese Lawine an Anschuldigungen erst jetzt los, warum kommen einige Frauen erst nach Jahren damit heraus? Weil die Hemmschwelle so hoch ist, so die offizielle und politisch korrekte Deutung.

Es sind genau diese von Fakten völlig losgelösten Debatten, mit denen der Westen sich selbst im Weg steht.

Erste böse Spekulation: Ganz sicher haben einige Frauen ganz bewusst mitgemacht, um mit diesem Kalkül Karriere zu machen. Wenn sich dann auch noch die amerikanische Popsängerin Miley Cyrus in einem berühmten Musikvideo zwischen die Beine fasst und hinausposaunt: „Den Körper als Währung und Ware einsetzen", könnte an dieser bösen Spekulation mehr als ein Körnchen Wahrheit dran sein. Und dann kommen Frauen in die Machtpositionen, die sie nun haben. Erst in diesen Machtpositionen haben sie Mumm, Anklage zu erheben. Das Ethikkrönchen auf die Botox geglättete Stirn gibt´s gratis.

Zweite böse Spekulation: Folgt man dem Spiegel-Redakteur Jan Fleischhauer („Unter Linken") sollen Frauen die erfolgreichste Opfergruppe der Welt sein. Die Erfüllung der Sehnsucht, Traumaopfer zu sein, bietet nicht nur eine regressive Aufteilung der Welt in Gut und Böse, in Opfer und Täter, sondern auch Aufmerksamkeit, Mitleid, Trost – und finanzielle Entschädigung.

Raus aus den bösen Spekulationen und wieder hinein in die Wirklichkeit. Diese führte unseren Delinquenten einen Tag nach dem Albtraum erneut in die Buchhandlung. Im Bereich Zeitschriften sah er eine Eindeutigkeit, die fernab aller Spekulation war. Auf dem Titelblatt vom „Spiegel" war zu lesen: „Aufwachen! Warum China schon jetzt Weltmacht Nr. 1 ist – ein Weckruf für den Westen". Weckruf impliziert einen Schlafenden oder zumindest dösenden Westen, der nicht bei vollem Bewusstsein ist. Warum? Die Antwort lieferte der direkt daneben liegende „Stern", wo auf dem Titelblatt die forsche Kabarettistin Caroline Kebekus zitiert wurde „Sexismus im Job? Kenn ich", weiter: „Warum die Debatte jetzt weitergehen muss. Frauen aus ganz Deutschland brechen ihr Schweigen".

Keine böse Spekulation: Die Debatte muss allein schon deswegen weiter gehen, weil jeder halbwegs glaubhaft konstruierte Missstand und noch besser Skandal für die aufdeckende Zeitschrift eine Gelddruckmaschine ist. Unabhängig davon: Es sind genau diese von Fakten völlig losgelösten Debatten, mit denen der Westen sich selbst im Weg steht. Befindlichkeitsstörungen, Luxusprobleme wie Gender, Hampelmännchen, Hampelweibchen, Streit um Unisextoiletten, Sprachregelungen, wie das Binnen-I ad infinitum.

Diese Diskurse, losgetreten von lautstarken und schrillen Minderheiten, rauben dem Westen und Europa als Ursprungskontinent von Aufklärung, Rationalität und Wissenschaft den Verstand. Diese grenzenlose Thematisierungswut mit letztlich Tiffel-Töffel-Kram kann fatale Folgen haben bis hin zum kulturellen Suizid. Auf dem Weg dorthin werden Europa subjektzentristische Nabelschauen à la #MeToo und Gender begleiten. Schon der Dichterfürst Goethe hat vor zwei Jahrhunderten diese Problematik erkannt: „Alle im Rückschreiten und in der Auflösung begriffenen Epochen sind subjektiv, dagegen aber haben alle fortschreitenden Epochen objektive Richtung“. Freuen wir uns also auf das, was danach kommt!

14. Antiheroismus – das Programm steht

Ewig Kind, krank, Opfer, behindert sein und in der lebenslangen Anklageposition zu verharren – das sind die fünf Grundformen der Existenz in der westlichen Welt, die z. T. durch das kapitalistische Wirtschaftssystem gefördert werden. Denn in den säkularen Überflussgesellschaften des Spätkapitalismus wird erwachsen werden als Zumutung erlebt und man bevorzugt das Stadium der lebenslangen Adoleszenz. Da Kinder und Pubertierende zumeist unkritische Konsumenten sind, hat der Kapitalismus nichts dagegen.

Er suggeriert ferner Freiheit und Wahlmöglichkeiten. Wer wählt, muss sich entscheiden und kann auch schon mal danebenliegen. Viele Fehlentscheidungen können in der Summe zum Scheitern führen. Erhebliche Konsequenzen hat ein Scheitern in der Arbeitswelt, das zu jahrelanger Arbeitslosigkeit führen kann. Immer mehr Psychologen und Psychotherapeuten sehen darin ein traumatisches Ereignis, das zur entsprechenden Diagnose einer Posttraumatischen Belastungsstörung führt. Schuld ist immer das System, nie das Individuum. Opfer sein und ewig Kind sein reichen sich nun die Hand und bilden die ideale Existenzgrundlage für ein von Verantwortung befreites Dasein. Krank sein kommt hinzu. Erste und wichtige Schritte im Antiheroismus. Nach Abstreifen von Religion, Tradition, familiären Bindungen und tiefen Verwurzelungen ist ein hochfragiles und vulnerables Individuum herausgekrochen. Im Klagen hat es seine ideale Rolle gefunden. Wenn es um das juristische Klagen geht, haben die USA eine Spitzenposition erreicht. So soll es in Manhattan mehr Anwälte geben als in ganz Japan. Auch in Europa lautet der advokatorische Leitspruch: Man kann nie genug klagen. Sowohl im juristischen als auch im allgemeinen Sinne ist für viele Menschen das Klagen zur Richtschnur ihres Daseins geworden. Wie so manch über 80-jähriger nur über die Fehlfunktion seines Körpers klagt, so klagt heute schon mancher 20-jähriger über die Dysfunktionen seines psychischen Zustandes. Genauer: über die Dysbalance seiner Neurotransmitter. Denn die hat man sich schließlich nicht ausgesucht, sondern vererbt bekommen. Manch Hirnforscher meint sogar, es gebe keinen freien Willen. Trotz über 20-jähriger intensiver Forschungsarbeiten zu dieser Problematik konnte ein stichhaltiger Beweis nicht geliefert werden. Machen sich diese Forscher eigentlich Gedanken darüber, was ihre Spekulationen bei orientierungslosen Individuen anrichten können? Eine Hinwendung zu verantwortlichem Handeln werden sie nicht bewirken. So benötigt der moderne Mensch, um überhaupt stehen zu können, mindestens einen Psychotherapeuten, einen Rechtsanwalt, einen gesetzlichen Betreuer sowie einen Sozialarbeiter. Wurde früher mit Stolz

In den säkularen Überflussgesellschaften des Spätkapitalismus wird erwachsen werden als Zumutung erlebt

das goldene Sportabzeichen präsentiert, so ist es heute der Schwerbehindertenausweis. Um Missverständnissen vorzubeugen: Wer durch eine Erkrankung im Alltag wesentlich gehandicapt ist, soll diesen Ausweis auch bekommen. Andererseits fühlen sich nach ihrem Selbstverständnis so viele behindert, dass dies nicht zur alleinigen Entscheidungsgrundlage herangezogen werden sollte. So manch Zipperlein wird da zur bedeutsamen Erkrankung hochstilisiert. Von der Übertreibung bis zur Lüge ist es dann auch nicht mehr allzu weit. Denn wenn jeder Mensch schon in der alltäglichen Kommunikation mehrfach am Tag lügt, dann kann auch bei der Beantragung einer Schwerbehinderung davon ausgegangen werden, dass nicht unbedingt immer die pure Wahrheit präsentiert wird. Behindert sein lohnt sich in unserem System. Ab einem Grad der Behinderung (GdB) von 50 Prozent winken zwei Wochen mehr Urlaub im Jahr, ein deutlich verbesserter Kündigungsschutz sowie eine Reduzierung des Renteneintrittsalters um zwei Jahre ohne finanzielle Abzüge. Wenn es mit objektivierbaren organischen Erkrankungen nicht klappt, dann werden deutlich weniger objektivierbare psychische Beschwerden nachgeschoben. Der Run auf den Behindertenstatus ist im vollen Gange.

In diesem Dunst aus Infantilismus, Kranken-, Opfer-, Klage- und Behindertenstatus sind Helden eine aussterbende Spezies.

Epilog

Die sozialpädagogisch-juridifizierte Welt duldet keine Helden. Stattdessen gibt es Entschädigungssehnsüchte und Opferglorifizierung. Wer für andere oder einer Idee die Schädigung seiner Gesundheit zumindest billigend in Kauf nimmt und den Tod einkalkuliert, ist für die Massen und deren hedonistischen Mainstream eine suspekte Figur. In der Gegenwart hat der klassische Held nichts mehr zu suchen, ein solcher Widerspruch zur Gleichheitsideologie kann nicht geduldet werden. Denn in dieser gibt es keine Feinde mehr, alles kann durch Gespräche, Kompromisse, Diplomatie und Psychotherapie gelöst werden. Der auf Wellness, Empathie, Toleranz, sexuelle Vielfalt und Chancengleichheit gestreichelte Mensch fühlt sich dem Heroischen ethisch überlegen, denn in der Achtsamkeitskultur gilt: Der Sieger ist der Teufel. Doch Gefühle täuschen und die meisten Wahrheiten sind unangenehm. Das RAF-Geiseldrama in Mogadischu wurde nicht durch Diplomatie und Kompromisse gelöst, sondern durch beherztes und kompromissloses Eingreifen. Gleiches gilt für den Flug 093 der United Airlines am 11. September 2001, als Flugzeugpassagiere einen Terroristen überwältigten. Keine Soldaten, sondern einfache Zivilisten. Sowie der Schwarzafrikaner Mamoudou Gassama aus Mali, der in Paris am 28. Mai 2018 ein Kind von einem Hochhausbalkon rettete und spontan bis in den 4. Stock die Balkone hochkletterte (vgl. Bild auf der Buchrückseite). Oder wie die 13-jährige Zoe aus Krefeld, die Anfang August 2018 ein 5-jähriges Kind und ihre Mutter aus einem brennenden Dachstuhl rettete. Diese und viele andere Beispiele zeigen: Ganz ausgestorben ist er noch nicht, der Held, er hat noch eine Chance.

Ein ganz klein wenig Heldentum für jedermann ist schon durch eine selbstbewusste Sprachverwendung möglich, wenn man Missstände jenseits einer Political Correctness wieder mit klaren Worten benennt. Ein weiterer Schritt ist politisches Engagement jenseits der Wahlkreuze und Das-reicht-Mentalität. Dadurch wird sich natürlich auf die Schnelle nichts ändern. Stimmungen, Meinungen und Zeitgeist ändern sich nicht auf Knopfdruck. Aber es kann ein kleiner Beitrag zum überfälligen Mentalitätswechsel sein. Ebenso wie das bewusste Vermeiden von Heroisierungen, denen keine wirklichen Heldentaten zugrunde liegen. Denn Letzteres führt zur Entwertung und Missbrauch des Begriffes „Held“ für falsche Helden. Ein Beispiel sind etwa die in Mode gekommenen

Zwangsoutings nicht-heterosexueller Identitäten oder die ins Internet gestellten Selfies krankhafter anatomischer Monstrositäten. Das mag für die Betroffenen authentisch und wichtig sein, mit heldenhaftem Verhalten hat das nichts zu tun. Dann eher die Teilnahme an einem Triathlon oder einfach mal dazwischengehen, wenn jemand bedroht wird. Zumindest Hilfe herbeiholen statt auf der Autobahn zu gaffen und die Rettung zu behindern. Spätestens seit Rettungssanitäter, Feuerwehren oder medizinisches Personal in Krankenhäusern seit einigen Jahren unbegreiflicherweise bei ihrer Arbeit behindert, ja angepöbelt oder sogar körperlich angegriffen werden, sollten die Alarmglocken schrillen. So etwas – ja, früher war durchaus manches wirklich besser – gab es früher in der Bundesrepublik so gut wie gar nicht.

In der Gegenwart hat der klassische Held nichts mehr zu suchen, ein solcher Widerspruch zur Gleichheitsideologie kann nicht geduldet werden.

Es gibt nicht nur Beihilfe zu einer Straftat, es gibt auch Beihilfe zum Heldentum. Die sollten wir fördern, anstatt sie zu bekämpfen. Es täte unserer Gesellschaft doch sehr gut, wenn Sie wieder ein wenig mehr das Starke, Solidarische, ja Heldenhafte propagieren würde, um langfristig eine Gesellschaft zu bewahren, die auch für die Schwachen und selbst Antihelden Platz hat, ohne ihre Defizite zu verherrlichen.

Literaturverzeichnis

- Amoghli, P., Meschnig, A.: Siegen oder vom Verlust der Selbstbehauptung, Manuscriptum Verlagsbuchhandlung 2018
- Baether, T.: Was ist? Alles! Brigitte Women 09/2018
- Bankl, H.: Viele Wege führten in die Ewigkeit, Verlag Wilhelm Maudrich 1992
- Blech, J.: Die Psycho Falle, S. Fischer 2014
- Bruckner, P.: Ich leide, also bin ich, Büchergilde Gutenberg, Berlin 1996
- Der Nanny-Staat, www.spiegel.de/spiegel/print/d-106677449.html
- Dilling, H., Mombour, W., Schmidt, M. H. (Hrsg.): Internationale Klassifikation psychischer Störungen ICD-10, Verlag Hans Huber, 1991
- Donovan, J.: Nur Barbaren können sich verteidigen, Verlag Antaios 2017
- Fest, J. C.: Das Gesicht des Dritten Reiches, Piper Verlag 1993
- Fleischhauer, J.: Unter Linken, Rowohlt Verlag 2009
- Fuchs, J. A., Neumann, M.: Mythen Europas, Verlag Friedrich Pustet 2009
- Giglioli, D.: Die Opferfalle, Matthes & Seitz 2016
- Haaf, M.: Heult doch, Piper 2011
- Herman, E.: Das Eva Prinzip, Pendo Verlag 2006
- Herman, E.: Die Wahrheit und ihr Preis, Kopp Verlag 2010
- Hoffmann, P.: Claus Schenk Graf von Stauffenberg, Pantheon Verlag 2017
- www.focus.de/finanzen/videos/mehr-millionaere-als-je-zuvor-die-sieben-laender-Afrikas-mit-den-meisten-neureichen_id_4876289.htm
- www.imageberater-nrw.de/ib-Kompetenzbereiche/psychologie/masochistische(selbstzerstörerische)Persönlichkeitsstörung
- de.wikipedia.org./wiki/francesco_schettino
- www.nrz.de/reise/wie-sich-kapitaen-schettino-um-seine-verant-

wortung-drueckte-id6257533.html
- falschbeschuldigung.org/Claudia_Simone_Dinkel
- de.wikipedia.org/wiki/Karl-Theodor_zu_Guttenberg
- de.wikipedia.org/wiki/Scientology
- t3n.de/news/carsten-maschmeyer-unternehmer-743292
- Huntford, R.: Scott und Amundsen, Athenäum Verlag 1980
- Illouz, E.: Die Errettung der modernen Seele, Suhrkamp Verlag 2009
- Jünger, E.: In Stahlgewittern, Klett-Cotta, Stuttgart 1978
- Karlauf, Th.: Stefan George, Karl Blessing Verlag 2007
- Kepplinger, H. M.: Die Mechanismen der Skandalisierung, Olzog Verlag 2012
- Kiesel, H.: Ernst Jünger, Siedler Verlag 2007
- Klonovsky, M.: Der Held, Diederichs Verlag 2011
- Kraus, J.: Helikoptereltern, Rowohlt Verlag 2016
- Kuby, G.: Die globale sexuelle Revolution, fe-Medienverlags GmbH 2012
- Leitsch, T., Schnieder, S.: Die Rotzlöffelrepublik, Benevento Publishing 2017
- Linden, M., Strauß, B. (Hrsg.): Risiken und Nebenwirkungen von Psychotherapie, Medizinisch Wissenschaftliche Verlagsgesellschaft 2013
- Lown, B.: Die verlorene Kunst des Heilens, 2. Aufl. Schattauer 2004
- Maercker, A.: Trauma und Traumafolgestörungen, C.H. Beck 2017
- Meier, Chr.: Athen, Pantheon Verlag 2012
- Münkler, H.: Kriegssplitter, Rowohlt 2012
- Nolte, P.: Riskante Moderne, C.H. Beck 2006
- Nozick, R.: Anarchie, Staat, Utopia, Ozog Verlag 2006
- Ogger, G.: Die Diktatur der Moral, dtv Verlag 2015
- Retzer, A.: Miese Stimmung, Fischer Verlag 2012
- Sachsse, U.: „Trauma": Vom Faszinosum zur Alltäglichkeit, Persönlichkeitsstörungen 4/2016
- Seidler, G. H., Freyberger, H J., Maercker, A. (Hrsg.): Handbuch der

Psychotraumatologie, Klett-Cotta 2015
- Sloterdijk, H. P.: Zorn und Zeit, Suhrkamp Verlag 2006
- Sloterdijk, P.: Du musst dein Leben ändern, Suhrkamp Verlag 2009
- Speer, A.: Erinnerungen, Ullstein Verlag 1969
- Stephan, C.: Der Betroffenheitskult, Rowohlt Verlag 1994
- Stoffels, H.: Ein seelisches Trauma „macht" keine Symptomatik, Sozialpsychiatrische Informationen 1/2004
- Stuff, B.: Sie nannten sie Maus, Der Spiegel 47/2017
- Van Creveld, M.: Wir Weicheier, ARES Verlag 2017
- Voß, B.: Bekenntnisse eines Grapschers, Preußische Allgemeine Zeitung, Ausgabe 49/2017
- Voß, B.: Das Dilemma des Psychobooms, Cicero Online, Ausgabe Februar 2018
- Voß, B.: Von Prokrastination, Achtsamkeit und Heidi Klum ..., Neurotransmitter, Ausgabe 4 2017
- Voß, B.: Von wegen akademischer Schubladenzieher, Junge Freiheit, 26/2018
- Weltveränderer: Sophie Scholl, www.geo.de/geolino/mensch/1651-rtkl-Weltveraenderer-sophie-scholl
- Wikipedia: Die Super Nanny, de.wikipedia.org/wiki/Die_Super_Nanny
- Wikipedia: Giordano Bruno, de.wikipedia.org/Wiki/Giordano_Bruno
- Wikipedia: In Stahlgewittern, de.wikipedia.org/wik/In_Stahlgewittern
- Wikipedia: Leopold von Sacher-Masoch, de.wikipedia.org/Wiki/Leopold_von_Sacher_Masoch
- Wikipedia: Oriana Fallaci, de.Wikipedia.org/Wiki/Oriana_Fallaci
- Wikipedia: Sophie Scholl, de.wikipedia.org/wiki/sophie_scholl
- Wikipedia: Stanislaw Jewgrafowitsch , de.wikipedia.org/wiki/Stanislaw_Jewgrafowitsch_Petrow
- deutsch.rt.com/meinung/69721-der-einsame-tod-des-mannes-der-die-welt-gerettet-hatte-vor-einem-jahr-starb-stanislaw-petrow/
- Wikipedia: Janusz Korczak, de.wikipedia.org/wiki/Janusz_Korczak
- www.br.de/fernsehen/ard-alpha/sendungen/schulfernsehen/warschau-nationalsozialismus-widerstand-korczak100.html